平田オリザ

経済成長なき幸福国家論

藻谷浩介

下り坂ニッポンの生き方

毎日新聞出版

まえがき

平田オリザ

先日、対話型、ディスカッション型のアクティブラーニングに取り組むとある高校の先生から、「平田さんの『下り坂をそろそろと下る』と、先般話題になった上野千鶴子先生の『平等に貧しくなろう』（中日新聞）という論考を教材にしてグループディスカッションをさせたのですが、思いのほか、高校生たちは成長を望んでいました」という話を聞かされた。この先生ご自身は、私の著作に共鳴され教材として選んでくださったのだろうが、その思惑が外れたというわけだ。

それはそうだろう。誰だって成長したい。誰だってもっと豊かになりたい。そもそも私は「貧乏になろう」とは一言も言っていないので、どうも上野先生の論考と並列に扱われたのがまずかったようだ。他の論考（例えば藻谷さんの文章とか）も並べて、それぞれを比較し批評的に扱ったなら、まだましな結果になったのだろうが。

何より、そこで高校生に向けて指導してほしかったのは、願望と現実は異なるという点だ。誰もが成長をしたいと願う。しかしそれが適わないときもある。


人口減少は眼前の現実である。私たちは、そこを避けて通ることはできない。もちろん、明日のことは分からない。日本海に巨大油田が発見されるかもしれないし、日本の産業に圧倒的な富をもたらす発明やイノベーションが起こるかもしれない。だが、それはたいへん確率の低い夢物語である。それに比して、人口減少は避けて通れない確かな現実だ。

日露戦争は、日本国が貧乏な弱小国家であることを、司馬遼太郎が言うところの「卑屈なまでのリアリズム」で認識し、それでも「勝てないまでも負けない戦争をしよう」と望み、いくつもの幸運にも恵まれてかすかな勝利を得た（その前後から始まる植民地支配の問題はここでは置く）。太平洋戦争も、勝てる可能性が〇パーセントではなかったのだろう。いや、当時、多くの日本人は、情報が統制されていたこともあり「そこそこいい戦いができるのではないか」と考えて、あの無謀な戦争に臨んだ。

私から見ると、この期に及んで大きな経済成長を望み、そのことによって膨大な国債などの諸問題が一挙に解決されると考えている人々は、あの無謀な戦争に突入していこうとしている人と酷似して見えてしまう。

本書では、できる限り、「成長はしないけれど貧乏にはならない」方策を、具体例をあげて、明るく示したつもりである。私の先著『下り坂をそろそろと下る』は、その題をつけるときに『下り坂をおおらかに下る』にしようかと迷った。本書では、その「おおらかさ」の方を強調したつもりである。


藻谷浩介氏にはじめてお目にかかったのは、某新聞社の主催した会合だった。藻谷さんからの最初の一言は「すごく、ご近所なんです」というもので、聞けば、ご近所どころか、歩いて三十秒の所に私たちは暮らしていた。

私は、東京の駒場という町に生まれ育って、いまもその町に暮らしている。藻谷さんのご子息たちは、いずれも私の母校、駒場小学校、目黒一中に進学した。さらに藻谷さんは、あの忙しい身で、私の母校のPTA役員まで引き受けていた。何を隠そう、私も地元の幼稚園の評議委員を引き受けている。だから、単純に、こういう人は信用できると思った。

駒場東大前駅のホームで、キャリーバッグを引きずりながら走っている人間を見たら、藻谷浩介か私である（東大の先生方は、もっと余裕を持って歩いていらっしゃる）。私と藻谷さんは会うたびに、「これからどちらですか?」と言うのが時候の挨拶のようになっている。

この本に書かれ、語られていることは、どこぞの象牙の塔や霞ヶ関で、頭の中だけで考えられた都合のいい理屈ではなく、まして六本木あたりで「バブルをもう一度」と言っているような夢物語でもない。ここには、私たちなりの、足で稼いだ「実感」が語られ、書かれている。

明日のことは分からない。どちらに望みを託すかは、読者次第だと思う。

まえがき――平田オリザ　3

一章　上り坂から下り坂へ、時代の節目を生きる

怒りの正体 16／言論の自由を断固守りたい 20／時代の節目を生きる 24／事実と解決策を分ける 28／民間セクターが強い日本 32／文化は地方分権がいい 34／地方の方が進んでいる 39／東京中心発想の「やばさ」 42／生き残れない自治体 43／先行逃げきりはありません 47

二章　地方の活力に学べ

銀行より劇団 52／子どもを産む活力 55／芸術の力 58／「効率」という名の暴論 61／自分にあう仕事 64／文化と教育が上位に 68／自己決定力 72／「複収入」のある田舎暮らし 76／文化・芸術のDNA 79／おもしろがる精神 82／ロミオがんばれ 86／再度自己決定力を 89／大学無償化を 92／何故下り坂で不安なの？ 96

三章　下り坂か、高原か

寂しい人をほめる 102／イノベーションで成長は無理 104／デフレの要因 109／認知症の演劇情動療法 110／日本ダメ論とリセット願望 116／フェイクニュース 119／受験戦争の弊害 122／イノベーションは長期記憶が担う 124／地方ゆえの本物体験 127／積極的下層市民 128／The消費社会に絡め取られるな 133／自己決定力を身につけろ 136／就職能力より転職能力 138

四章　おもしろい生き方ができる、おもしろい国

なぜ就職しなければならないのか？ 144／評価の奴隷 149／マインドケアの大切さ 153／「落ちこぼれ」に依存する教育 155／優しさとビジネスの掛け合わせ 160／フラットな関係を作る 162／上を目指すのはおもしろい生き方か？ 168／誰かを蹴落とさなければ幸せになれないのか？ 172／自己肯定して自己決定していけばいい 177／四〇年、五〇年かけた革命を 179

あとがき──藻谷浩介 185

現在、日本でもっとも多忙を極める二人の論客による、初めての対談が始まろうとしている。演劇人と経済人、二人とも斯界の第一人者であることは間違いないが、その活動スタイルはあまりに独特で、他の追随を許さない。孤高の存在であることも共通している。

平田オリザ氏は現在の演劇界のリーダーの一人だが、他の劇作家・演出家・劇団主宰者とは立ち位置がずいぶん異なっている。

かつての演劇人は、地方から東京へ「上り列車」に乗って夢を叶えにやってきた。劇団を旗あげしてからも、小劇場から大劇場へ、時には有名俳優を使いながら観客動員を増やし続け、（いわゆる）「演劇双六」を「あがり」に向かって進んだ。もちろん地方公演も行うが、あくまでもそれは東京での本公演の「お裾分け」でしかなかった。

ところがオリザ氏の演劇活動は「下り列車」の先に舞台がある。九〇年代半ばから各地でワークショップを展開し、小中高校・大学生、障がい者、高齢者など「素人」も相手にし続けてきた。公演を前提としないケースがほとんどで、演劇より「コミュニケーション教育」を標榜することの方が多い。日本中に広がる「課題」

に対して「演劇的手法」で立ち向かうというのが氏のスタイルだ。

　いまは各地の自治体の文化アドバイザーとしての活動も広がっている。たとえば兵庫県豊岡市では、県から委譲された国際会議場を「城崎国際アートセンター」という名の稽古場に変え、世界中から一流の劇団やアーティストを招聘している。やってきたアーティストたちは城崎温泉に滞在し、稽古を続けながらその素晴しさを世界に発信する。その効果で温泉地にインバウンドが急増しているのは言うまでもない。

　また市内の子どもたちや市民はそのパフォーマンスを「目撃」し、世界への回路を開く。「憧れだけで東京にはいかせない」という中貝宗治豊岡市長の基本的な考え方がここに担保されている。ふるさとに愛情を抱き、やがて成長したら故郷の課題解決を手がける人材を育成するという、「ふるさとキャリア教育」の一環でもある。だからオリザ氏は、各地で「文化を戦略的に経済化する」試みを切り拓く「開拓者」だ。

　これまでの「景気循環説」から一変、経済低迷の原因を「人口」という観点で語り続ける藻谷浩介氏の視点は、実は小学校四年生のころから鍛えられた。地理に興味を持ち、当時三〇〇〇を越えていた自治体すべての人口動向を調べ上げた。何年かおきに人口を調べると、そこには変動がある。そのことに興味を持った藻谷少年は、大学では自転車部にはいり、日本中を自らの足で漕ぎ回って、すべての市町村を踏破し、その特性を調査した。

だから藻谷氏はいまどんな山奥の寒村を訪ねても、「ここは三〇年ぶりに来ました。バブルの洗礼を受けても残っていてよかった」と言って、かつての記憶と現在の姿をすり合わせることができる。「この共同温泉が残っているのはコミュニティが壊れていない証拠」「川の水が濁っている。上流の山が荒れていますね」と、目の前の事実から現実を読み解く。その上で人口動態を調べ、その地の五年後、一〇年後の姿を「見える化」し、地域が生き残るためのアドバイスを贈る。「地域内でお金を回すこと」「地域の特性を自ら誇れるようにすること」等々、氏の言葉に、それまで自信をなくしていた人々の表情にも光がさす。藻谷氏の姿は、さながら伝道師のようでもある。

本書はだから、けっして経済成長を否定するものでも、成長しないことを悲観するものでもない。あくまでこの国の現実を直視し、それに立ち向かうための「下山（人口減少）の時代を明るく逞しく生きる道」を唱道しているに過ぎない。

二人の言葉は机上で生まれたものではなく、数々の現場で鍛えられたものだ。そこには熱い血が流れ、地元で踏んばる人々の息吹が宿っている。「あそこだから、あの人だからできた」とか「うちは条件が違うから無理」と諦める前に、虚心坦懐、二人の言葉を素直に読み取ってほしい。そして進むべき道を自己決定して、一歩を踏み出すことだ。

二人が切り拓いた道の先に、次の時代のニューフロンティアが広がっている。

神山典士

企画・構成・司会　神山典士
対談司会　小野眞司

一章

上り坂から下り坂へ、時代の節目を生きる

怒りの正体

――現在のお二人の言動を見ていると、『デフレの正体』（KADOKAWA）を書かれた藻谷さんも『下り坂をそろそろと下る』（講談社）を書かれた平田さんも、世間がその趣旨を正しく理解しておらず歯がゆく思っているように見えます。あるいは怒っていると言ってもいい。本心では現在の日本の状況をどのように感じていますか。

平田　私は基本的に作家なので、日本に対して本当に絶望したら亡命するという手段もあるわけです。現状でも、日本で仕事をしなくてもいいんですね。

いま一年の四分の一程度は海外で仕事をしていて、台北から一昨日戻って今週末だけ日本で仕事をして明日の朝また台北に戻ります。海外のほうが仕事が来るというか、最近は日本ではあまり仕事の声がかからないので（笑）。

ただ、やはり劇作家として日本語で戯曲を書いているので、できれば日本で仕事をしたいと思います。愛国心もある方なので。

また、私は一応国立大学の教員（大阪大学、東京藝術大学）でもあるので、国家からお金をもらって禄を食んでいます。多少はこの国をいい国にする責任もある。一方で、学生たちには「今回この国がもしも滅びるのなら、前に滅びたときのようにあまり他国に迷惑を掛けないようにした方がいい」という話もします。

――もはや日本は「滅びの段階」に入っているという認識ですか？

平田　いやいや、そうではありません。各国にはいい点も悪い点もあって、日本はとても住みやすい国だと思います。私は日本人だから、そう思うのはある意味当然ですが、それを差し引いても相当住みやすい国だと思う。安全で清潔だし。

ただ他国でうらやましい点というと、たとえば政権交代が普通にあるということですね。台湾にしろフランスにしろ、韓国にしろ政権が変わればば官僚もガラガラポンになってひっくりかえる。

二〇一六年の秋口から韓国の文化人のブラックリストが表に出てきて話題になっています。以前から、明らかに実力のある演劇人に助成金が出なくなっていた。朴槿恵《パククネ》政権になってからです。友人で私の作品を演出してくれている作家が、文化省の役人から「申請を取り下げろ」と脅迫されたこともあった。

ところがいま韓国でおもしろいのは、朴大統領が失脚したら、そのリストに載っていない演劇人のほうが肩身が狭くなっている（笑）。「オレも載せてくれ」「いやそもそも載っているはずだ」と言い出したり（笑）。

私と共同演出をしたことのある別の演出家で、さらに朴政権下で政府の諮問委員とかをやっていて助成金を審査する側にある人もいた。それが別の演出家の作品のアフタートークに来て、「オレはいつもあなたの事を推しているんだけど、政府がいうことを聞かないんだ」という話をする。つまり政権交代が普通にあって、それが前提になっているから、アーティストが現実的な施策をもっているし、政権交代があってもどうにかなるような友人関係を保っていたりする。日本のように青臭いイデオロギー談義で対立するだけじゃなく、成熟して自立している。

アメリカでもトランプが登場すると、政府役人の末端までガラリとかわるでしょう。それが世界の常識で当たり前なんだけど、日本はそれがないからあらゆることに緊張感も現実味もない、という不思議な国になっていますね。

藻谷　私は怒っていますよ（笑）。「あなたの講演って、怒りが原動力でしょ」と言われたことがありますが、その通りかもしれません。ですが、誤解しないでほしいのですが、私を攻撃してくる人や、私と意見の違う人に怒っているのではありません。主観や衝動が先に立って、ものごとを客観的に眺められない人。何かの欲に駆られて道理の通らないことをやってしまう人。これどっちも同じことを言っているのですが、そういう人に腹が立つのです。

そういう人たちは、後々必ず、自分に損な方に事態が進んで、「こんなはずじゃなかった」とうろたえることになります。損をしたくないのであれば、もっと虚心坦懐に歴史に学び、事実はどうなっているのかを見極め、道理の筋を通して、危険を回避しなくてはいけません。

私はSNSを一切やっていないのですが、その理由は酔った勢いで愚かなことを書いてしまう危険を避けたいというのもありますが（笑）、それ以上に、主観や衝動が先に立つ人たちのコメントを読みたくないわけです。ネット上とはいえものを公言するのであれば、一〇〇年後に読んでも間違っていない内容、地球人と何一つ利害が一致しない宇宙人が読んでも「客観的で筋が通っている」と言ってもらえる内容にするべく、せいぜい努力すべきなのです。

そういう意味では、安倍氏やトランプ氏にも困りますが、それ以上に、甘い見通しと期待に立って彼らを自分に都合よく使おうとする連中にこそ怒りを覚えますね。ヒットラー以上に、ヒンデンブルク（※ヒットラーがドイツの首相になった当時の大統領。自分はヒットラーを抑えられると考えていた）に怒るタイプです。今の日本でいえば、「異次元の金融緩和」は後々金融秩序をガタガタにする危険が大きいとわかっていながら、目先の円安株高に喜んで口をつぐむ財界人に、政治家以上に腹が立ちます。政治家よりは経済の現実がわかっているのだから、目先の得に喜んでばかりいないで、少しは警鐘をならさないと。

言論の自由を断固守りたい

平田　演劇というか、私の暮らす表現や芸術の世界に関して言うと、「言論の自由」というのがなにより大切で、そこが危機に晒されるのは直感的に嫌ですね。他の点に関しては、いまがどのくらい危機的かと聞かれても、ポイント・オブ・ノーリターンには来ていないと思うんで、かえっていたずらに危機感を煽ったりするのはよくないと思っています。でも言論の自由に関しては、先に言っておかないと一度壊れだしたら止まらなくなるかもしれないという危機感があります。

藻谷　夏目漱石が日露戦争当時に書いていたことを、太平洋戦争時に生きていて同じように書いたなら弾圧されたでしょうね。そのように戦前には、言論の自由が失われていった歴史があるわけですが、その主犯はまさに、「主観や衝動が先に立って、ものごとを客観的に眺められない人」たちでした。彼らが激して政治家や財界人や新聞を脅し、さらには暴力行為に及ぶ。その際に多くの人は、「暴力による言論破壊は、土俵自体の破壊だから駄目だ」ときちんと戦うべきところを、ビビッて黙ってしまった。宮沢賢治風に言うと「心持ちが弱かった」のです。さらには「あわよくばこの連中を自分に有利なように誘導して使ってやろう」なんて考える人物もいた。統帥権問題を煽って選挙に勝とうとした犬養毅が典型ですが、ヒンデンブルク同様に、後で自分が利用しようとした相手に制圧される結果となりました。

これを今の世の中でいえば、ネット右翼のクレームに怯えて自主規制してしまう多くのマスコミと、彼らを相手に拡販しようなんて考えて煽る側に回る一部マスコミが、戦前をそのまま繰り返すように、間違ったレールをたどっています。企業人が言うべきことを言わないのも、総務部がクレーム対応に忙殺されるのを恐れているのです。

今の政権は内閣人事局を通じて官僚の言動を統制していますが、民間の言論までは統制できていません。ですが自主的に動く少数の執拗なクレーマーが、政権批判者の属する大企業を攻撃する。大企業は「コンプライアンス」なる語の下、クレームに過剰反応して、自主規制に走る。クレーマーにも困ったものですが、「目先のトラブルを避けたい」という小さな動機で社会の劣化を招いている大企業のお利口ちゃんこそ、本当に困ったものです。

平田　長く大阪の大学に勤めていて大阪の状況を見てきましたので、橋下徹さんという人は、トランプにそっくりだなと今になってあらためて感じます。その意味では先駆者ですね、橋下さんは。安倍さんとは全く違うキャラクターで、マスコミの操作と恫喝がすごくうまい。大阪はローカルのテレビ局が強くて、視聴率もあがるから橋下さんをよいしょする取り巻きもいます。橋下さんは「タイガースは優勝しなくていいから巨人には負けるな」という大阪人気質をすごくうまく利用してきたんです。外から何か言われても「ほら東京の人間は、大阪のことなんて何も知らずにああ言ってるでしょう」という論法でずーっとのし上がってきた。ところがそれが国政になったときに通用しなくなって、外で敵をつくらなきゃいけなくなってぼろが出たのが従軍慰安婦問題発言でした。

スタイルは一貫して非常にわかりやすい。外に敵をつくってそれを叩く。最初は公務員や教員叩き、そのうちに文楽とかぜんぜん関係ないものまで叩き始めて、四方八方に鉄砲打って自分のプレゼンスをあげていくという手法ですね。たまたまその時大阪にいたので、ああいうふうにファシズムというのは広がっていくんだと実感しました。

藻谷　ある戦前生まれの識者が、オフレコの場で、「橋下徹氏のキャラクターは辻政信を思い出させる」と話していました。旧日本陸軍で、ノモンハン、ポートモレスビー、ガダルカナルなどの作戦参謀だった人物ですが、指揮する作戦はどれも死屍累々の失敗を重ね、東条英機などの中枢にも疎まれて大佐で終わります。しかし、とにかく陽性で、自慢話はするけれども地位に連綿としがみつかないタイプの言動が大衆に受け、戦後は衆議院議員をやっていた。最後は紛争を収めてみせると大見得を切ってラオスに出かけ、行方不明になるのですが、大戦中に何万人もの死者を出したことへの反省がないのに怒った旧軍人に暗殺されたという説もあります。これまでそういう比喩は考えたこともなかったのですが、彼と同時代を生きた人が言うことですから、なるほどそういう感じなのか、と思いましたね。

それから、トランプは確かに辻政信的なキャラです。陽性な自信家で、直情的で、人気がすべてを正当化すると思っている節があり、表での冒険も裏での陰謀も大好きで、何より背負っているものへの責任感が欠けている。陰性のヒットラーや東条英機とは全然違ったタイプですが、実はスターリンはこれと似ていたかもしれません。

時代の節目を生きる

――日本は現在課題先進国と言われています。江戸期以降増加し続けていた人口が二〇〇六年か〇八年あたりをピークに下落に転じ、人口一億人を越える大国でこんなに急な上りと下りを経験するのはいまの日本人が人類史上初めてだとか。そういう意味で、お二人には現在は「時代の節目を生きている」という感覚はありますか？

藻谷　一貫して人口を見ている私からすれば、まさにその通り。日本を先頭に、数十年以内に経済先進地域の国々が続々と同じことになっていくので、これは人類の節目でもあります。

ですが日本が人口の節目を曲がったのはもう四〇年以上前です。出生数の最後のピークは団塊ジュニアの出生ラッシュの一九七四年ですから、新生児が減り始めて二〇一七年で四三年目になります。団塊ジュニアは新たなベビーブームを起こさないままに四〇代を超え、今の赤ん坊は彼らの半分弱しかいません。従って四〇年後には、四〇代が今の半分になります。

移民を受け入れれば何とかなるというのはまったくの誤解で、国内の成人がこれから数千万人単位で減っていくものを、現在二〇〇万人少々しかいない在日外国人をたとえば一〇倍に増やしたとしても補えるものではありません。ちなみに人口三億人の米国ですら移民の受け入れは年間一〇〇万人程度ですから、現在二〇〇万人の在日外国人を一〇倍にということ自体がまったく荒唐無稽な想定なのですが。

子どもの減少の最大の犯人が、合計特殊出生率（※一人の女性が一生のうちに産む子供の平均数）が一・一五と四七都道府県で一番低いまま、地方から若者を集める東京都です。日本の未来をつぶすブラックホールのようなものです。

若者が集まるので、二〇一〇年から二〇一五年の五年間に首都圏一都三県の人口は五一万人も増えました。ところが年齢別の数字を再確認すると、八〇歳以上だけで五二万人の増加であり、一五〜六四歳の現役世代は七六万人も減っている。というのも、この間に六五歳を超えた団塊世代が二七〇万人もいたのに、一五歳を超えた子どもは一五二万人とその半分しかいなかった。これは昔から出生率が低く、自前で子どもを再生産できていなかった結果です。放っておけば一五二マイナス二七〇で一一八万人も現役世代が減るところ、地方から四二万人ほど上京者が流れ込んだので、マイナス七六万人で済んだのです。逆に言えば、いくら若者が上京してきても、自分自身の少子化によるマイナスを補えるレベルではないわけです。

何だか、自前で育成をせずFAでのベテラン獲得に頼ったために、ロートルばかり増えて選手層の薄くなった、在京の某球団みたいですね。

――本当にこの問題は「見える化」しないといけませんね。

藻谷　その通りです。新生児の減少が四〇年以上続き、中年の数まで減り出してから、ようやく「人口減少が問題だ」という人が増えてきた。人手不足なのに消費が増えないのも、東京都の空き家率が一一％にもなっているのも、長年の出生数の減少が原因なのですが、七年前に上出書『デフレの正体』で指摘した当時は、まだまだ理解されませんでした。

いまになっても、「人口が減れば経済成長できないのでしょうか。経済学の答えはNOです」とうたった本がベストセラーになったりしています。「タバコを吸えば必ずガンになるのでしょうか。医学の答えはNOです」というのと同じで、確かにガンにならないこともあるけれども、だからどんどんタバコを吸ってもいいですっていうことにはなりませんよね。経済成長を目指すのは、出生数の減少を食い止めてからにしないと。順序が逆です。

とはいえ新生児の数を半世紀前の半分にしてしまった以上、現役世代の数がいまよりさらに減るのはもう確定しているわけで、それに対応した社会構造にしないといけません。人口がどんどん増えるのを前提とした戦後日本の社会構造、東京の社会構造を、意識から中身まで改めなければなりません。

――こんなにも子どもを生まなくなったのは、何か遺伝子の本質的な変化とか、人々の生活習慣の変化とか、そういうことがあったのでしょうか？

藻谷　遺伝子は数万年単位で見ても変わりません。三万年以上前に別れたと言われるオーストラリア原住民と日本人が結婚しても、普通に子どもは生れます。終戦直後まで出生率が四を超えていた日本人の遺伝子が、最近になって変わったということはありえません。

個人の自由が行き過ぎたと言う人がいますが、自由でお気楽な気風が国内でも特に強い沖縄では、離婚も多ければ未婚の母も多いですが、出生率は一・九三とほぼ二に近い水準です。

そもそも「女はみな結婚して子どもを二人ずつ生むべきだ」と考える人がいること自体

が、問題の解決を遠ざけているのです。そんなことは、有史以来一度も実現していません。結婚しない人もいるし、欲しくても子どものできないことはいくらでもあります。それでも子どもが平均で二人になるのは、三人、四人、五人と産む人が少数ですが存在するからです。

東京の合計特殊出生率が低いのは、女性のせいでも文化のせいでもなく、子どもを三人以上産む人がとても少ないからです。沖縄はその逆です。家賃や食費や教育費が高い東京では、何人も子どもを持つ負担が大きすぎる。ですが何よりも、「子どもには罪はないさ、多くの子どもを抱えて生活に苦労している親を皆で助けてやろう」という意識が、沖縄には地域文化としてあるし、東京では一部の個人にしかない。その違いが大きいのです。

事実と解決策を分ける

——一方で経済成長に関するお二人の意見に対しても、「成長しないで幸せになれるのか?」といった、筋の違った反論がなされていますね。

平田 私たちは「成長がいやだ」とか「不要だ」とは一切言っていないのに、反論する人達は「成長は大事」とか「成長しないと困るでしょう」と言い出します。私たちは現状（問題）認識と解決策をいったん分けてお話しましょうと言っているだけです。

人口減少はファクトだから動かしがたいことです。その結果として、よほどのことがない限り経済成長は無理です。日本海に巨大油田でも発見されない限り無理。イノベーションとか生産性の向上で、危機を少し和らげることは出来るかもしれないけれど、大きな成長は難しい。それを受け入れないとしょうがない。ただし、私は作家なので、受け入れられない人の気持ちもすごく気になります。現実を受け入れたくない人の気持ちを考えてあげないと、次には進めないいんだろうなということが、この二〇年で自分も歳をくって分かってきた。若いころは「何で分からないいんだろう？」と一方的に思っていたけれど、「そうか、彼らは寂しいいんだ」と感じるようになりました。

藻谷　うーん、度量が広いです。実年齢は私の方が少し若いだけなのに、オリザさんが大人で、私がひどく若造に見えてしまうのは、そのあたりの違いですかね（笑）。

平田　地方自治体などで現実的な政策を進めるときには、そこを慮《おもんぱか》らないとだめだと気がつきました。これは、政権交代ができないことにも少しつながる話なんですね。日本人はすぐに、滅び行くもの、真田丸的なものを贔屓《ひいき》してしまうんです。ノスタルジーが強かったり、滅びゆくものにシンパシーをもってしまう。だから、滅び行く者たちにも「あぁ、大変でしたね、真田さんたち」と言ってなぐさめてあげないと、「あんたたち負けたんだから、だめですよ。退場してください」と言っても通じない。それが実感できるまでには五年や一〇年では無理だからです。

一五年前に書いた『芸術立国論』（集英社）では、もう日本の製造業は成長産業としては厳しいから文化しかない。文化によって製品に付加価値を与えて、それを主な産業にしていくしかないということを書きました。でも、分からない人はぽかんとしてしまうだけでした。

藻谷　そう、まさに欧州やアメリカが華々しくやっていることなのに、戦後の製造業主導の繁栄の時代を生きてきた日本人は、どうにもそれが分からないらしいんです。

文化によって製品に付加価値を与えるといえば、たとえばポケモンGO。あのゲームを考えた若者は、日本の残留婦人の孫として中国に生まれ、子どもの時に来日したんです。その後日本に帰化したけれども言葉で苦労して、その後いろいろあって米国のグーグルに就職したそうです。そんな彼が生んだのは、まさに中国と日本とアメリカのハイブリッドのゲーム。小さいときからポケモンで遊んでいて、それが目の前にふらっと現れたら楽しいよねっていうアイディアをグーグルの社内トライアルで実現して、それが面白いっていうんでナイアンティック社に移動、独立した。日本発のポケモンという欧米文化に対する一種のカウンターカルチャーが、グローバルなコンテンツビジネスとしてインターナショナルに花開いた典型です。

ところが、日本の中高年男性の多くは、「くだらない」と決めつけるばかり。

平田　いまの日本にはそういう広い意味でのソフトパワーでしか生き残る道はないんだから、質の高いコンテンツを世界に広めないといけないですよね。

藻谷　私も、ゆるキャラの着ぐるみをいきなり国際親善の場に引っ張り出すのはいかがなものかと思います。欧米のエリートからすれば、子ども扱いされた気になるかもしれません。ですが、マッチョな欧米文化へのカウンターカルチャーが日本のアニメ文化、キャラ文化なのでして、これは裏口から世界の若者に浸透しています。ついこの間も、南米・チリのフリマで、アニメグッズを売る店がたくさんあるのを見つけて驚きました。東アジア、東南アジアや欧州には当たり前にありますが、とうとう南米にまで及んでいるのかと。

民間セクターが強い日本

――文化戦略と言えばオリザさんは海外に脚本を輸出しています。徐々にですが、日本文化の世界進出は始まっているように思えますが。

平田　そこが難しいんです。日本はソフトパワーに関する国家戦略が完全に間違っている。もともと日本の文化部門は、民間が強くて、国家政策が弱かった。これはもちろんいい面もありました。

韓国の文化は政治主導で世界に出て行きます。これにも理由があって、日本が三五年間植民地にした間に、韓国の多くの文化を根絶やしにしてしまった。国家政策としてこれを復活しないといけないから、教育でも文化的なものを徹底的にやる。さらに、いまでは、それがお金になるようになって、韓流ドラマ、K－POPを国家政策として輸出していく。特に李明博《いみょんばく》政権以降は文化政策の資金の投入が、映画やドラマ、音楽に集中して、すぐにお金になるものに資金が出ています。演劇には、あまり出ない。科学も同じで、韓国からは絶対にノーベル賞は出ないと韓国内でも言われています。基礎研究や先端研究にお金が出ないからです。

文化の輸出面では韓国はとてつもなく日本を研究している。日本は、六〇年代から七〇年代にODAを使って、ゼネコンや商社がわーっと東南アジアに行って反感を買って、そのフォローのために国際交流基金をつくった。韓国はそういう文化による対策を事前にやっていて、タイとかには韓国ドラマ専門のテレビ局もあります。ドラマを安価で輸出するなどの施策で反感を和らげている。それでも韓国企業の評判はよくないけれど、利害関係のない若い層には日本人よりも韓国人スターの方が受けている。化粧品でも東南アジアでは資生堂は年寄りが使っていて、韓国化粧品は若い韓流スターの年齢層が使うというイメージが定着しつつある。

日本は民間セクターが強くて、ドラえもんやポケモンの存在が日本のイメージを良くするのには相当貢献しています。通貨危機のときにパリの外国語学校で韓国語の取得者はすごく減ったけれど、日本の経済力が衰えても日本語学習熱はすごくある。明らかに若い欧米人の興味はアニメと漫画から入っていて、そういうところがかろうじて日本を国際社会につなぎ止めている。私は日本の復活はここにしか可能性はないと思っています。

ただし、日本政府はそう認識していないから、ソフトパワーといっても小さなプラスアルファとしか思っていないでしょう。財界の構造が、まだ重厚長大型産業の人が中心を抑えていますから。カルチャーはすき間産業だと思っているんですね。

アメリカでは広い意味でのソフトパワーがGDPの大きな割合を占めています。日本は政界も財界もガラガラポンで全部変わる国ではないので、なかなか変化しない。面はゆいところです。

文化は地方分権がいい

――文化における国家戦略、あるいは個人とその戦略との関係性は今後どのように展開していくのでしょうか?

平田　問題を切り分けないといけません。純粋な文化政策と、外交とかに使う文化予算と。史上最も文化予算が豊富だったのはナチスなんですね。文化政策には危険性もあるんです。

ソフトパワーというのは基本的に従来の軍事や経済以外の「力」のことをさします。ですから、たとえば日本の平和憲法は一つのソフトパワーです。戦争しません武器を持ちません、だから撃たないでくださいというのもパワーです。日本社会が持っている「清潔」

「安全」もソフトパワーになります。もちろん教育も芸術も、あらゆるものが日本の安全保障につながります。そして、国家戦略としてこのパワーを位置づけることが大事になります。

さらに、そういった国家戦略と純粋な文化政策は、いったん分けて考えた方がいい。純粋な文化政策は地方に任せた方がいいんです。地方分権がいい。日本はとてつもなく中途半端にでかい国で、人口五〇〇〇万人以上の国で教育や文化を中央集権で支えているのは社会主義だったロシアと共産主義の中国、そして日本だけです。ドイツでは州政府が教育文化をになう。アメリカはもちろん、文科省の役割は各州が持っている。一・二億人を一つの教育文化政策で統治するのはもう無理だから、分権した方がいいだろうと思います。

藻谷　スイスは人口が大阪府より少ない国ですが、文科省はありません。教科書は州どころか市町村単位で違っています。だいたい公用語が仏独伊にロマンシュ語と四つもあるわけですから。ですが、日本でいえば鎌倉時代に独立して以来、ナチスドイツにすら国土を侵略されずに守り切った。日本だって、戦国時代が典型ですが、政治的にも文化的にも地方分権というか地域主権を極めながら、決して別々の国になることはなかったのです。

平田　歴史的に見ると、およそどの国においても、国語教育というのは、強い国家、強い軍隊をつくるために近代化の過程で必須のものとして位置づけられてきました。日本は特にそれを急いだ。薩摩の将校の命令を津軽の兵隊が聞きとれないと戦争で勝てない。英語やフランス語が一五〇年かかった国語の統一を三〇年くらいで行ってきた無理が、今でも残っている。これは井上ひさしさんの『國語元年』に詳しく書かれています。

国語の近代化、統一は、スピードの違いはあれ、どの近代国家も経てきた道のりです。ただ、国家が成熟した段階になると、今度は生物多様性と一緒でいろいろな価値観を持った人がいたほうが組織は長生きする。長持ちするんです。上り坂のときはみんな一緒に神輿を担いだ方がいいけれど、下り坂でもそれでいいのか。

リーマンショックのとき、日本はリーマンブラザーズやサブプライムローンに直接かかわる企業が少なかったので、影響は限定的だと言われた。しかし、半期後のGDPの落込みは先進国の中で一番激しかった。日本では不況となると、みんなが消費を控えてしまうからです。みんな同じ消費動向をとる。移民が多い国なんかだと、このピンチをチャンスととらえて積極的なアクションをする奴、土地を買い占める奴とかが出てくるんだけど(戦争直後の堤康次郎みたいな人ですね)、いまの日本人は多様性が低いからみんなが消費を控えちゃう。だからなかなか不況から脱せない。多様性を欠く社会。これまでの成長型の社会では、それで大丈夫だったけれど、今後もこれで大丈夫なのか。いまでさえ福島から避難してきた子を、あんなに陰惨な形でいじめちゃうような社会ですからね。相当に排他的な社会で、このまま持つのかということです。

藻谷　そこですよね。しかも庶民以上に、組織や言論をリードする立場のエリート層に、発想の均一性が目立ちます。考えてみれば日本の教育制度って、教えられた通りを早く覚え込むほど点が取れる仕組みですからね。皆が同じことを言い、時代が変われば同時に転向する。

この前の米大統領選挙の時も、日本国内ではトランプとクリントンとどちらが当選するかという話ばかりで、「有権者が真っ二つになっていて、どちらが当選しても不支持者を大量に抱えたまま動きが取れなくなるぞ」という構造を、あらかじめ指摘して対処策を提言している人はごく少なかった。当選しそうだったクリントンに尻尾を振り、選挙後は慌ててトランプに尻尾を振りに行くという行動は、勝った方が政治を思うままにできる状況であれば正しいのかもしれないけれども、そうでない以上は敵を増やすだけの愚策です。

さらに問題なのは、これだけ話題になった選挙でも米国有権者の約四八%が投票していないという事実を、ほとんど誰も指摘していないこと。多様性のない社会で、皆が話題にしないことは誰も自分で確認しないわけです。トランプが当選したことよりもさらに民主主義の危機といえる話だと思うんですが。

ちなみにヒットラーが政権を握った選挙も、投票率は七八％で、投票に行かなかった人が二二％いた。彼らの一〇人に一人でも投票に行っていれば、戦争中にドイツ人が九〇〇万人死んだという悲劇を避けられたかもしれない。投票に行かないというのは、政治不信の現れどころか、誰がやっても同じだろうという政治「過信」なのです。過信は時として自殺行為なのですが。何にせよ、日本の「知識人」は誰かが設定した中で相撲をとるのは大好きでも、自分で土俵を設定して相撲をとる能力を鍛えていません。

平田　文化政策に関しておもしろい点は、他の政策は日本は非常に中央集権官僚国家なんだけど、文化政策だけは中央省庁がないという特殊な環境にあることです。社会保障制度で自治体がつまずくと厚労省からすぐに役人が派遣されて、書類を補正してお金を引っ張りだして辻褄をあわせるけれど、虎ノ門に文化庁はあっても役人は文化政策の専門家ではない。基本的に上層部は教育官僚なんですね。だから自治体が中央省庁に頼れないというおもしろみがあります。

そのため、中央の縛りがない分、やる気のある自治体はすごく伸びる。やる気のない自治体と差がつきやすい分野です。

藻谷　確かに差がつきますね。たとえば熊本に行くと八〇年代の細川知事時代以来の伝統で建築や内装のセンスがいいけれど、福岡は東京と同じでつまらない、とか。

平田　センスが直接に発揮される分野です。もちろん、自分たちだけでは賄いきれないから、誰に頼るか、誰に発注するかもとても問われます。

地方の方が進んでいる

――昨今の日本を旅していると、地方では経済成長も人口増加も諦めていて、そこからつくり直そうという意識がありますが、中央になるととたんに「経済成長だ人口増加だ」と夢見がちになります。何故なのでしょう?

藻谷　東京や大阪の財界人と話していると、個人としては成長はもう難しいとわかっていても、会社の代表としては「自社だけは成長を続けます」と言ってしまう。いまの経済界のトップクラスって学生運動世代ですから、結構な確率でリベラルな発想を持っているのですが、やっぱり己を殺して役目を演じてしまっている。まるで藤沢周平の時代小説の世界です。

それに対して地方では、経済界も行政も、金が足りない、人も足りない、という状態にさすがに慣れてきているんじゃないでしょうか。ないならないなりに何とかせにゃならんと、仕方なくアダプトして、縮小財政、縮小市場で何とか生き残る策を工夫しています。

地酒の業界は典型でしょう。地元市場は現役世代の減少で縮む一方だし、東京にいくと激戦で買い叩かれる。ですが、不動産だの貯金だの過去の蓄積は持っていますから、意欲がある業者は地域文化を守るとか、必死に海外市場を開拓するとか、生き甲斐を見出してがんばっています。つぶれる会社も多いが、残るところはなかなかつぶれない。

平田　バブルのあとの反省もあるんだと思うんです。最終的に地方だけが犠牲を強いられた。つけを回された。東京は全く反省していませんね。地方ではバブルのころに変なことをしちゃった企業はあっという間に潰れましたから。地方のほうが悲惨でしたからね。酒田の本間家が潰れちゃったり。ああいうのを見ていて記憶しているから忘れないけれど、東京は大きな企業ほど救済策があったし、回転も早いからすぐに過去の痛みを忘れてしまう。

藻谷　東京は大きすぎて、自分の問題が「見える化」できていない面もあります。

たとえば空き家問題。空き家というと地方の山奥にあるという印象かもしれません。ですが一三年八月に実施された総務省の調査では、東京都の空き家率は一一％。全国平均が約一三％ですので、実は大差がない。しかも東京都は家（アパート、マンション含む）の軒数自体が多いわけで、率ではなく絶対数でいえば八二万軒も空き家がある。全国に約八二〇万軒もある空き家の、一〇軒に一軒は都内に存在するのです。次いで六八万軒が大阪にあり、これに神奈川・千葉・埼玉・愛知を加えれば、日本の空き家の三軒に一軒は大都市圏にあるという驚愕の事実が見えてくる。

ところが、東京では新築分譲マンションの供給が続いています。いまお話しした数字の調査時点は日銀がマイナス金利をやり始める前ですから、いまの空き家はさらにどんどん増えているはず。だからこそ中古賃貸物件の家賃相場は上がらず、これが消費者物価指数の足を引っ張るなんて現象も起きています。ところが謎の不動産神話があり、新築物件だけ分譲価格や賃貸家賃が高いのです。売らねばならない立場になったら困るという目の前の問題が、買っている当事者には見えていない。

平田　私たちの世代までは、一定数は地方出身者が入り込んできて、東京の精神の均衡が保たれていたと思うけれど、いまは政治家が典型だけれど、二世三世の時代です。選挙区は地方でも住んでいるのは東京という時代になった。官僚でさえ、そうなってきつつある。

東京中心発想の「やばさ」

藻谷　今の地方選挙区選出の自民党有力者は、京都に屋敷を構えて地元は守護代や国人《こくじん》（※地侍の有力者）に任せきっていた室町時代の守護大名みたいですよね。私は山口県出身なのですが、「安倍さんと同郷ですね」と言われると、この人はわかっていないなと思います。彼は生まれた時から渋谷区民で、幼稚園から大学まで私学で一貫教育です。私が高校までいた当時の山口県は、小中は公立が当たり前で私学の一貫校はなきも同然でした。

いまの若い人には親の代から東京育ちという人が増えています。先日もある大学で講義を頼まれて行ってみたら、「田舎の人口が減るのは、田舎が都会に経済的に負けた結果。経済的な敗者が滅びるのはしかたないのではないでしょうか」と大真面目に言う学生がいました。東京はその田舎から若者を集めることで何とか人口を維持してきたのですが、田舎の少子化で上京者の絶対数が減ったことから、先ほどお話したように現役世代の数が減り始めているわけです。つまり田舎が滅びれば東京も滅びるしかない。そのことを授業で説明したのに、その後にまるで聞いてないことがわかるような質問をするのにはあきれました。室町時代の守護大名も公家も、田舎を馬鹿にして京都に居座ったあげく、地方から年貢が上がって来なくなって滅びていくのですが、歴史は繰り返すのだなと改めて思った次第です。

平田　阪大の公共政策の学生でも、普通に悪気なくそういう意見をいいます。

藻谷　「経済的な敗者が滅びるのはしかたない」とか言いながら、自分は勝者の側にいるので安心だとでも思っているのでしょう。実際にはどこに住んでいようと、油断したら負けなのです。そういう連中に志望を聞くと、一番が公務員。これまた今後の現役世代減少と高齢者の増加の中で、ひどい目にあうことが確定している業種なのですが、それがまったくわかっていない。

生き残れない自治体

（ここで会場から手が挙がった）

——私の商売は全国の公務員がお客さんなんですが、彼らは定時職場、安定収入、比較的高収入、業者を使う立場です。発想が現世利益中心になっていて次代のことは二の次、目先のことしか考えていないように感じています。これにはどう対処したらいいのでしょうか。

平田 うちは母も姉も公務員です。だから公務員のことはすごくよく知っている立場なんですが、一つ真面目に言えば、人材交流、流動性がない。日本は公務員になったらずーっと公務員。一生公務員。それはまずいと思います。

身近な例では、私がかかわっている香川県小豆島町の役場では、新入職員として入ってから三年間は町民劇に強制参加する制度があります。演劇を一緒につくるのが一番町民の気持ちが分かるという理由で。その手当ては出ないので半ばブラック企業なんだけど（笑）。稽古期間一カ月半は残業なし。五時半になったら稽古場にいけと言われます。

あるいは岡山県奈義町では、ここは合計特殊出生率二・八一という日本一にもなった町ですけれど、今年から役場職員の採用試験に演劇を取り入れました。演劇ができないと公務員になれないんです。しかも採用試験官に、先々一緒に働く若い女性を入れることにしたんです。能力を見る試験から、働く仲間を選ぶ試験にした。共に働きたいと思うか、演劇をつくるときも現役の若手職員がそこに入るので、実際に協働作業をしてちゃんと一緒に仕事ができる奴を選ぶようにした。働く仲間を若手が選ぶ試験にしたんです。そしたらやっぱり組織の様子は劇的に変わりましたね。雰囲気も変わりました。

ここは小さな役場で職員が八〇人しかいません。町民は六〇〇〇人です。幼稚園保育園の先生も一緒に試験をするんですが、ある時「幼稚園の年長組に向けて桃太郎を現代版にした紙芝居にしなさい」という問題を出した。役場職員で受けてきた人も幼稚園保育園の先生方の意見を聞かないとその紙芝居をつくれない。子どものことがわからないから。

そういうことをくみ取って作業をする。そういう試験を始めている自治体も出てきています。そういうところから公務員をゆっくり変えていくしかないかな。

藻谷　そういうことを始めているのは、極々一部の自治体ですけどね。総人口がまだ増えている都市部周辺の自治体となると、増えているのは実は高齢者だけなのに、数字を確認もせずに油断してほぼ何もしていない。普通のところはなかなかやらないですよ。

ですが、役所が変わらずに民間だけが頑張っている例というのは、必ず役所に足を引っ張られておかしくなっていくというのも、私が全国で向き合う事実です。

平田　地方ほど行政が変わらないと無理ですね。生き残れる自治体はごくわずか。改革をしない自治体は滅びるということになります。

地方の講演会では必ず「ではうちの町はどうしたらいいですか?」という質問が来る。そういうときは、私は文化政策と教育が専門なので「センスのいい首長を選んでください」としか言いようがない。

もうこの仕事を二〇年間してきましたけれど、それを実感しています。首長の仕事は理屈じゃなくセンスです。駄目な首長を説得するなんてことはできないことがよーくわかりました。だから最初からセンスのいい人を選んでもらうしかない。それは芸術的センスのある人じゃなくてもいいんです。

たとえば小豆島町の塩田幸雄町長は元厚生労働省の役人で、芸術的センスがあるわけではないことは本人も認めています。だけど厚生官僚で社会的弱者とつきあってきたから、瀬戸内国際芸術祭を見たときに、「あ、小豆島が生き残っていく道はこれしかない」と直感的に官僚のセンスとして思ったらしい。本当に優秀な官僚はそういうことを見分けるセンスがある。

民主党政権時に私を内閣府に呼んだ松井孝治氏。当時の内閣官房副長官で、議員になる前は経済産業省の官僚でしたが、本当にクラシックが好きで、朝比奈隆先生がシカゴで振ったときに、現役の官僚だったけれど一泊三日でシカゴまで聞きにいっている。そういう人が官僚の中にもたまにいるんです。

彼らは官僚の中のそのまたトップの上澄みの人達です。こういう人を育てるには、たとえばフランスのグランゼコールのような、文系と理系の人が旧制高校のように同じ釜の飯を食って、サルトル（※フランスの実存主義哲学者）とピケティ（※『二一世紀の資本』を書いたフランスの経済学者）とオランド（※前フランス大統領）とサルコジ（※元フランス大統領）が寮で一緒に生活しているみたいな学校ですがね。そういうことを再構築していくしかないと思います。

先行逃げきりはありません

藻谷　理想があるわけでもないのに公務員になりたい一部の若者とか、子どもにそのように教えている親とかは、未だに「先行逃げきり」が許されると思っているのでしょう。いい学校に入ってさえおけば安心というのも同じです。特に人数の多い団塊ジュニアは、自分たちが受験でも就職でも大変だったので、子どもにも「負けるな、勝ち逃げしろ」と教育する傾向がある。ですがいまの子供たちは、団塊ジュニア世代の半分少々しかいない。

彼らの課題は目先の競争に勝つことではなく、今後の下り坂の時代を、周りと共に楽しくしぶとく生き抜くことなのです。

私はバブルの始まったころに銀行に就職したんですが、その当時は銀行だの保険だのといった金融界が一生安泰の職場だと真面目に思われていた。私自身は「どこかで辞めて一本立ちしなければならない」と強く思っていましたが、その前にこの世からなくなる会社が続出しようとは（笑）。いまとなっては、バブル前と同じ名前の金融機関は、東京では数えるほどです。ある都市銀行でバリバリのエリートをやっていた友人は、合併されてしまった後にいびり出され、その後は自営業者として、それこそ波乱万丈の人生を送っています。

おなじくその頃、理系の世界では電子工学が花形で、優秀な連中はこぞって半導体関連メーカーに就職して行ったものでした。ですがその多くがいまでは再編に次ぐ再編で、何が何やらわからなくなっている。本社のエリート技術者だった人も、続々子会社社員になっています。

そういうことでいえば、現役世代が減り続け高齢者は当面増え続けるこれからの時代の公務員なんて、バブル前の金融機関や半導体メーカーよりもはるかに厳しい、茨の道を歩むことが確定しています。それなのに、採用されれば先行逃げ切りで一生食いつないでいけると思っているというのは、いったいどういう基準で物事を判断しているのか。いまどきの役所勤めなんて、ベンチャー企業に身を投じるくらいの覚悟が必要なのですけれども。

詐欺話に引っ掛かる人というのはどういう人か。欲に弱い人ではなくて、「世の中にはひそかにうまい話に乗って甘い汁を吸っている人がいる」という人生観を持っている人なのです。本当は、自分で工夫し努力した人がうまく行っているのですが、そんなことは認めたくない。「こんな自分でも、うまい話をつかみさえすればうまく行くのに」と不満たらたらですので、そこを狙ってきたインチキ商法にひっかかるわけです。役人はラクをして甘い汁を吸っていると信じ、さんざん文句を言いながらこっそりと「私の子どもは公務員に」と狙っているタイプの人も、まさにこれ。

繰り返します、先行逃げ切りはありません。常に楽しみながら工夫し努力できることが、下り坂の時代の処世術なのだと思います。

二章
地方の活力に学べ

銀行より劇団

平田　銀行の名前の話は私もよく学生にします。私は八六年大学卒業ですが、当時安定を求める奴は銀行に入った。目先の給料を求める奴は証券会社に入って、やりたいことのある奴はマスコミに入って……、まぁ、とにかくどこでも就職できた時代でした。ところがいま、当時と同じ名前の銀行に勤めている奴は一人もいない。それに対してうちの劇団は、三〇年間名前が変わっていない。こんな不安定な職業だけど名前が変わっていない。こんなことになるとは誰も思っていなかった。私も思っていなかった。だから世の中何が残るかなんてわからんと言っているんです。

公務員もまさにそうで、奈義町は自衛隊があるから税収が安定しているという面もあるんですが、市町村合併を選ばなかったんです。ただ当時の住民投票の時の公務員たちが偉かったんですが、市町村合併のメリットとデメリットを両方全部提示して、住民にどうしますって聞いて、最終的に合併を選ばなかった。もちろん税収が安定していたからだけれど、その代わりに議員報酬四割カット、公務員をどんどん削減していっていま八〇人です。

多いところなら一二〇人の規模のところを八〇人にカットした。そして仕事はどんどんアウトソーシングしていって、血の滲むような努力で財源をつくって、いまそれを子育てと教育にシフトしていっています。あまりに制度がいいものだから、隣の津山市で働いている若い夫婦がどんどん奈義町に移り住むようになってきた。目に見えて奈義町のほうが子育てしやすい。奈義町には高校がないけれど高校生まで医療費無料とか、第一子一〇万円、第二子一五万円、第五子以降は四〇万円といったお祝い金が出たり。あらゆる施策が津山よりもちょっとずつ全部いいんです。

東京に住んでいる人は職場の沿線に住むんだけれど、地方は車社会なんで、職場から三〇分圏内ならばどこに住んでも同じです。本当に地方では若い世代が住む自治体を選ぶ時代になっています。たとえば住宅にしても、奈義町が調査したら誰も二世帯住宅なんて望んでいない。特に望んでいないのがおばあちゃん。ここまで苦労してきたのに、いまさら嫁に気をつかうのは嫌だっておばあちゃんたちが真っ先に言う。でも、やっぱり近くには住んでもらいたいから、奈義町は若い夫婦専用住宅をがんがんつくった。他の町が二世帯住宅を支援していたときに、奈義町だけは子育て世代専用住宅をたくさんつくって、その結果若者がどんどん移住してきて合計特殊出生率がが一んとあがったんです。

藻谷　奈義町のある岡山県北部の美作《みまさか》地域には、全国でも珍しく、子どもの増え始めている自治体がぽつぽつあります。他には西粟倉村、勝央町ですね。いずれも山間過疎地域です。

山間過疎地に子どもが増えている町村があると聞くと、妙な感じがするでしょうか？「高齢化する過疎山村」というイメージとは逆ですよね。ですが、高齢化が進んだからこそ、それを逆手に取って子どもが増えるところまで持って来られたという面もあるのです。

高齢化というと「高齢化率が高いこと」というような難しいことを考えがちなのですが、そうではなくて「高齢者の数、絶対数が増えること」が高齢化です。いくら高齢化率が低かろうと、高齢者の数が増えていれば医療福祉の負担額は増え、自治体の財政は苦しくなります。逆に高齢化率が高くとも、高齢者が減り始めていれば、医療福祉の負担額は減り始めて、むしろ財政にも子育て支援に回す余裕が出てくる。

大都市では、高齢化率は過疎地より低いですが、高度成長期に流れ込んだ若者が半世紀近くたったいま、続々六五歳、七五歳を超えていることで、高齢者の数は急増中です。

つまり、大都市の高齢化は、いまとても深刻なのです。逆に高度成長期に若者を都会に出す側だった過疎地ほど、いまでは新たに高齢者になる人が少なく、他方で高度成長期に出て行きそびれて地元に残った昭和一桁生まれが亡くなり始め、その結果高齢者が減り始めているのです。

奈義町でも、最近ついに七五歳以上の人口が減り始めました。隣の津山市ではまだ増えています。奈義町は、それによって浮いてくる医療福祉予算を、うまく子育て支援に回しているのではないかと思います。

子どもを産む活力

平田　奈義町がおもしろいのは、町民意識の中で、夫婦一組の出産数は三がデフォルト（標準）なんです。子ども二人だとお母さんたちは「寂しい」と言って、だいたい三人産む。四、五人産むところもあるので、だから合計特殊出生率が高くなる。

藻谷　先ほども話しましたが、「女性が皆二人ずつ産む」というのではなく、「産まない人もいれば、三人、四人以上産む女性もいる」地域だと、結果として生まれる子どもが平均二人以上になります。まさに奈義町は、それを地で行っている。しかも二一世紀の日本ですから、「嫁は姑に従って子どもさえ生んでいればいい」といった気風が残っているわけではないですよね。

平田　そうですね。Jターンが多いですから、一緒に暮らしてはいないのだと思います。ただ、逆に言うと、結局はJターン中心ですから、Iターンが多いわけじゃない。真ん中の津山市がぽしゃると駄目になる。いまはいいけれど、そこは弱点です。

　逆に、兵庫県の豊岡市は、周囲から人口を吸い上げているだけなんで、これも根本的な解決には至っていない。けれど奈義町や豊岡市では結婚した夫婦は子どもを平均で三人程度産んでくれていますから、全国的には人口に貢献しています。とりあえずの対策としては、子どもの産みやすい町をつくって移住を促すしかない。

藻谷　奈義町や豊岡市は、首長が戦略的に取り組んでいる町です。ですが宮崎県の南端の串間市のように、正直に言って行政は何も飛び抜けたことをやっていないのに、人口構造が安定している町もあります。数字で説明すると、乳幼児から四〇代までは、各世代の人数がだいたい同じなのです。ちなみに七〇代から八〇代の高齢者はずっと多く（つまり高齢化している）、大学も大きな企業もないので、多くの若者は一度出て行くわけですが、その相当数が戻ってきて、そして次世代の子供を産んでいる。これに対して首都圏では、四〇代前半の団塊ジュニアを一〇〇人とすると、〇から四歳の乳幼児は四六人しかいません。つまりそれだけ首都圏の少子化はすさまじいのですが、串間はその真逆です。串間の名物はといえば、都井岬の野生馬と幸島の海水でイモを洗う野生猿くらいしかないんだけれど、野生動物だけでなく住んでいる人にもある種の野生のパワーがある。

平田　串間は私も行きました。何か活力がありますよね。串間の中学校で授業したときに、全校七〇か八〇人で、学校に行った瞬間に教頭先生が「自慢の子どもたちですから」と言うんです。多分教育がいいんでしょう。何かの偶然で、そういうことが起こっているんでしょうね。

藻谷　串間市は過疎地で、人口は一万八〇〇〇人しかおらず、これからも数の多い高齢者が亡くなっていくのでますます減るでしょう。ですが、子どもがいまのように産まれ続けて、四〇代以下の人口がフラットになっているいまの構造を続けられるのであれば、人口減少に合わせて地域がどんどん若返っていくことになります。それに対して首都圏では、若者が自分たちの半分くらいしか子供を残さないいまの社会構造を続けていくなら、団塊ジュニアが亡くなる半世紀後まで高齢者だけがどんどん増え、子どもは年々減っていくと予想されます。世の先入観には反していますが、これが現実なのです。

ちなみに串間市のそのまた外れの海辺の集落の公民館で講演したことがあるのですが、

都会から移住した若い人がたいへん多く、会場のうしろ半分は託児所になって子どもが走り回っていました。ご高齢の自治会長に、「こんなに移住者が多いのは珍しいですね。昔からの住民はどう思っているのですか」と聞いてみると、「いや、実はわしがそもそも移住者だったんじゃ」とのことで。四〇年前に首都圏から移住してきて、いつの間にか自治会長にまでなってしまったそうです。旧来の住民は都会にあこがれて出て行く。都会生まれの人が新たに入って来る。こういう循環で、かえって活力のある僻地集落ができあがったわけです。

聴衆の若いお母さん方には、カチッと化粧した表参道あたりにもいそうな人と、化粧っ気のまったくないサーファーみたいに日焼けした人と二種類いて、それがまた違和感なく仲よくしている。お洒落したい人はお洒落しているし、したくない人はしなくてよい。そういう自由が、むしろ都会よりもあるように感じました。

芸術の力

平田　そうですね。成功している町は、自然とそうなりますね。あるいは、そのような町に若者が戻ってくるとも言える。地方でも文化度がすごく高くなってきていて、奈義町では子ども歌舞伎をずっと守って、小学校三年生は全員、授業で子ども歌舞伎をやっている。学校の授業で全員参加するわけです。八〇人の町役場に二人の歌舞伎専門官がいて、普段は公民館の貸し出し業務とかを担当しているんだけど、歌舞伎のシーズンになると歌舞伎の指導に専念していいことになっている。普段も希望する子どもたちに歌舞伎教室をやっていて中学生まで無料で参加できます。子どもたちは、スポーツ少年団とかで遠出するときも、バスの中で一人が歌舞伎のセリフを言い出すと、みんなで唱和が始まる。『白波五人男』とか。すごいです。その他にも磯崎新建築の現代美術館と、図書館も持っている。そういうものが数字には現れない、潜在的なコミュニティーを保つ力になっているのは間違いないです。

藻谷　芸術って言うと堅苦しく聞こえますが、人類の初めから存在していたものですよね。ラスコーの洞窟の壁画のように、洞窟に住んでいた時代でも、栄養も足りなければ寿命も短いだろうに、人は絵を描いていた。ベーリング海峡を渡った人類が最後に辿り着いた南米パタゴニアの奥地にも、先住民が無数の手形を縁取りして残している洞窟があって、写真を見ただけでも感動するものがあります。人間は最初から芸術活動をしている。農業が始まって戦争するようになる、はるか以前からです。

平田　そうですね。たとえば北海道の東川町、あそこも人口減少が止まったと思いますが、一万人いたのが六〇〇〇人台になって、いまそれが八〇〇〇人くらいになっているはずです。写真甲子園という活動を二〇年間以上続けてきて、途中で反対派の町長になって少し廃れたんだけれど、ぎりぎりそこも守って、いまやもう写真の町ということで、やはり旭川で働いている若い夫婦が移り住んでいる。もちろん、東川の方が環境がいいからという理由もありますが。

藻谷　東川は、旭川のベッドタウンでもあり、豊かな農業の町でもありますが、首都圏からの移住も多いですね。日本で一番雄大な山と言ってもいい大雪山が遠景に見えて、あんなに景色が綺麗なところもめったにない。旭川市は合併には熱心ではなかったので、周囲にたくさん町が残っていますが、その中では東川町と東神楽町だけ人口が増えている。旭川市も、旭川に一番近くて高速道路のインターチェンジや大型ＳＣのある鷹栖町でも、人口は減っているのですが。個性のある町づくりを熱心にやっているところに人が流れるという典型です。

「効率」という名の暴論

――立地条件でいうと、東京からだとたどり着くまでに半日かかる島根県隠岐諸島の中の海士町《あま》も人口が減っていません。便利の対極にある島なのに。しかも「高校魅力化」という事業に取り組んでいて、島の高校の半分は島外からの留学生になっています。中にはその高校に入りたいがゆえ、島民枠で受験するために中学時代から一家で移住するケースもあるとか。

藻谷　海士町は究極の地域おこし事例ですね。最近とても有名になりましたが、私は人口の数字をチェックしているので、二〇年前から注目しています。

――（参加者）私は一昨年に行きました。小さい町で、町民は普通に暮らしていましたが、心の中に何か誇りを持っている気がします。移住した人にアテンドしてもらいましたが、コンビニはない、信号は一個だけ。日本で一番行きにくい町ではないでしょうか。

藻谷　一番とはいいませんが、特に行きにくい町の一つではありますね。人口二三〇〇人なので、コンビニができる人口規模ではありません。本土へは船で二時間から四時間もかかるうえ、海の荒れる一月には、その船も一日一往復になってしまいます。鎌倉時代に後鳥羽上皇が流されて帰って来られなかったくらい、たいへんなところなのです。

――ところが海士町は高校魅力化で成功して、いまその取り組みが全県に広がろうとしています。「島根留学」の取り組みが町おこし、ひいては島根県全体の魅力化につながっています。

藻谷　隠岐の他の島に比べても、後鳥羽上皇のお墓以外にさしたる名所もなく、観光振興は難しい。出荷に船賃がかかるので、農漁業は自給中心にならざるをえない。ですが付加価値の高い牛肉や水産加工品のブランド化に注力し、インターネット通販も活用して、都会から多くの若い世代がUターン・Iターンする島になりました。すると減る一方だった子どもが増え始める。出荷できない農作物や魚が余っているので、子どもがいる家庭にはお裾分けがどんどん回ってきますから、食費がかからず、子どもをたくさん産む母親が増えます。

問題は高校で、隣島の西ノ島町と知夫《ちぶ》村と三町村で六〇〇〇人程度のところで高校一校を守ってきたのですが、これが存続できないと、子育て世代の負担はたいへんです。学校を残すため、「都会のように成績で薄切りされない、同じクラスに首都圏の難関大学に行く子もいれば島で漁師になる子もいる高校」という触れ込みで、全国から島留学の子どもを受け入れ始めた。カリキュラムを工夫し、いまではすっかり定着しています。都会からこの島の高校に来て、大学進学で都会に戻って就職し、その後に「やっぱり島がいい」と移住して戻って来る、いわゆる「Sターン」の例も出て来ています。

ちなみに最近五年間は、子どもの数も、現役世代の数も、高齢者の数も横ばい。Uターン・Iターンも多ければ都会に戻る人も多く、出入りは激しいのですが、そもそも自前の出産が多いので、最終的にはたいへん安定した人口構造になっている。日本全国が、自治体単位でこういうことになるよう目指してほしい、素晴らしいモデルと言えるでしょう。

ところでこういう離島の維持には、学校の維持にしても、船便への補助にしても、電力の供給にしても、余計に公金がかかっています。収入の少ない島ですから、税収は微々たるものです。ですがそういう金勘定だけで「この島は、なくなってもいいんじゃない？」という議論ができるでしょうか。都会の人が、「二千人少々、多摩ニュータウンの空いたところに移住して来ればどうか」と言ったら、どう反論するべきでしょうか。

これはずいぶん前に『藻谷浩介さん、経済成長がなければ僕たちは幸せになれないのでしょうか？』（学芸出版社）という対談本に書いたことなのですが、「海士町の存続にはお金がかかるから、島民は島根県の県庁所在地の松江に移れ」「島根県は金食い虫だから県民はみな首都圏に集まれ」と、「お金の効率」だけが物差しだけの議論を続けていくと、最後は「資源もない、天災の多い日本列島で工業国をやっているのはやめて、アメリカに移れば」という話になりかねません。人はお金の効率のために生きているのではない。現実として、「効率がいい」「生産性が高い」とされる首都圏では生まれる子どもがどんどん減っています。東京はある意味、人間という生物種の存続が難しいところまで、いろいろやりすぎてしまった場所なのです。人が自足して楽しく生き、同じ数の次世代が生まれ続けている海士町のようなところこそ、存続すべきです。

自分にあう仕事

――奈義町、東川、串間、海士町など地方の町の名前が続々と出てきましたが、オリザさんもやはり「下り列車の先に新しい希望」を見ようとしている一人ですか？

平田　大学のない小さな町では、若者たちが中学や高校を卒業して一度外に出るのはしょうがない。豊岡市で市長といつも話しているのは、「あこがれだけで東京にはいかせない」

ということです。いまの若者にも東京に対する幻想があると思うんです。

一六年の七月にＮＨＫ山形がつくった「どんとこい人口減少」という番組に出演しました。そこで、東京に住んでいる東北出身の女性にアンケートをとった。「Ｉターン・Ｊターンを拒むものは何か」という調査です。もちろん一番は雇用だったんだけど、昔のように「雇用がない」っていうんじゃなくて、「自分にあう仕事があるかどうか不安」というものでした。わかりやすい理由です。でも突っ込みどころが満載で、じゃあ、その人は東京で自分にあった仕事をしているのかと。

たしかに、東京には自分にあった仕事につく可能性が広がっている。その可能性は幻想かもしれないけれど、若者たちがそう思っていることは事実です。そこがまず一つ大きな、マインドの問題です。

もう一つ私がよく解説するのは、地方は「自分にあった仕事がない」のではなくて、「自分にあった仕事だけでは食べていけない」のです。

成功している自治体は、たとえば奈義町なんかも、役場を八〇人にリストラしちゃったから、アウトソーシングすべき仕事がいくらでもある。子育て中のお母さんが一日二時間働けるように「仕事スタンド」というものをつくりました。東京からＩターンでやってきたwebデザイナーが、いかに優秀でも、奈義町周辺の仕事だけでは収入は月に八万から一〇万円程度かもしれない。地方だとそんなに仕事はないから。

でも合間に役場の仕事を手伝うとか、月に五日間は農園に行って農作業を手伝うとか、三日間はベビーシッターもやるとか、そうすると月に現金で一五万から二〇万円は確保できて、家賃はただみたいなものだし、農作業を手伝えば農産物は腐るほどもらえる。確実に食ってはいける。

考えてみれば一人が一つの職業で食っていくなんていうのは、近代都市の枠組みです。従来の村落共同体ではそんなことはなくて、農作業もすれば縄も編むし溝さらいもする。奈義町の役場には八〇人しかいないんだから、お互いに助け合わないとやっていけません。東京都庁のように一六万人もいたら、優秀な奴からとっていってお前はこれやれって専任にしていいけれど、八〇人だったら何でもやらないといけない。まぁ都庁も本当は仕事がうまく回ってないから豊洲のようなことになっちゃったんだろうけれど。

小さな役場や共同体では、一人が複数の仕事をこなすのは普通のことです。そもそも昔からそうなっていたのを、中央の官僚制度そのままに人口六〇〇〇人の自治体でやろうとすることの方に無理があって、町民も公務員も町を動かしていくのに区別はないんです、本来は。人口減少社会で、それぞれが複数の役割をこなさない限り町は自立できない。そういう観点で町づくりができるかが問われている。

奈義町は、コミュニティ自体をそういうふうに変えていこうとしているし、他にも成功しているところはIターン者に複数の仕事を集めている。NPOをつくって仕事を回したりして、一つの職業では食っていけないけれど、複数の職業を持てば食っていけるシステムを動かし始めています。そういう働き方を最近では「複業」と呼びますね。

藻谷　実に素晴らしいですね。「専業から複業へ、分業から一人多役へ」というこの流れは、田舎だけで必要なのではありません。自分にあった仕事を見つけている人なんて、都会でも零細企業を自営している人とか、アーティスト系だけでしょう。彼らも皆「複業」者です。

「勝ち組」気どりで大企業に入れば、複雑に分業した組織の中で、特定の何かに専業することを求められる。そこで滅私奉公しても人生半ばで肩叩きされ、その後の長い人生では専業時代の経験・知識だけでは食えない。やっぱり「複業」しなければ仕方がなくなるのです。

実際問題、畑一枚耕しているだけで老後の安心度は全然違うのです。大組織内で複業のスキルを磨く機会のなかった人ほど、退職後にお金の不安にさいなまれます。田舎の若者を、都会に出て自立できない人間になれと洗脳する近代都市の枠組みなんて、まだ平均寿命が六〇歳代だった高度成長期の、遺物ではないでしょうか。

文化と教育が上位に

平田　先のＮＨＫの番組のアンケートの二番目に多かったのは、「楽しみや居場所があるかどうか不安」というものでした。つまり二位に文化が来ているわけです。三位が子どもの教育。もう昔の答えとは完全に順位が入れ代わっています。Ｉターン・Ｊターン者が、自治体を選ぶ理由が文化と教育になって来ている。

分かりやすい例で言うと、小豆島では特別支援学校の設置を県にお願いしている。小豆島町は人口一万五〇〇〇人、もう一つの町とあわせて三万人。島の規模から言うと作れません。ところがこれを香川県に申請してつくろうとしている。もちろんそれは子どものための施設だけれど、町の戦略としては、発達障がいを持った子どもたちがいても安心してＩターンに来てくださいという戦略なんです。ここは潮目がちょっと変わって来ている感じがします。

藻谷　人間が普通に生活を営めば、一定の確率で障がい児が生まれる。ですが障がいのある子もない子も、親にとっての価値は計り知れない。つまり人間そのものの価値は障がいの有無にかかわらず同じです。ですから障がいに関係なく人間そのものの価値を認めて暮らせる場を、地方が提供していければ、親の安心を誘って、必ず子どもも増えます。

逆に「教育のために東京に住む」という人は、障がいもなく成績もいい同じような子どもばかり集めた都会の「エリート校」に、どういう教育を期待しているのでしょうか？　そういうところを出た、社会の現実を知らない子どもほど、勝ち組気どりで実際はブラック企業の社畜になる危険が大きいのではないでしょうか？　人生九〇年で考えれば、複業のスキルを磨けない環境に子どもを置くことこそリスクですよ。

平田　ものを本質から考えはじめた自治体は、弱者に対する政策をきちんとやらないと、若いお母さんたちに選んでもらえないことがわかってきた。地方創生には賛否がありますが、人口減少対策で若い夫婦が移り住んでくれないと自治体にとっては対策にならないということは分かりやすい。雇用はまだまだ男性中心の問題だけれど、住まいを選ぶのは昔からお母さんの発言力が強くて、七、八割はお母さんの意見で決まるでしょう。地方では、車があれば多少の通勤距離は問題じゃないわけですから、条件のいい自治体に人が集まる。そうすると論理的な帰結として、二〇代後半から三〇代にかけての若い女性に気に入ってもらえる自治体しか生き延びられない。つまりセンスのある、お洒落な町をつくらないと生き延びられない、ということになります。

現に有名な漫画家でひうらさとるさんという、「ホタルノヒカリ」という作品が綾瀬はるかさん主演でテレビドラマになっている方です。彼女が豊岡市の城崎《きのさき》温泉に住んでいます。ご主人はJターンで、もともとは豊岡市の旧日高町出身者。ご主人には「城崎国際アートセンター」の館長になってもらったんです。

彼女が城崎温泉を移住地として選んだ理由の一つは、ここなら女性が昼間から一人でビールを飲んでいてもうしろ指を指されないということだそうです。これはとても大切なことで、六本木や代官山で女性が一人でイタリアンを食べてワインを飲んでいてもうしろ指は指されない。地方出身者はわかると思うけれど、地方ではそれができない。女性が自由に生きにくい。そこを変えていかないと女性は地方移住しにくいんです。

ちなみにうちの母は、東京生まれの東京育ちなのですが、一四歳のときに東京大空襲で焼けだされて、父方の実家の秋田に疎開して中学と高校だけ秋田だった。でも東京に出てきても、青春時代を過ごした秋田が大好きで、毎年二、三回は帰っていたんです。ところが、そんな母でも、自分の父の法事にさえ帰らなかった。東北では、法事なんかのときは女の人を働かせて男はずーっと酒を飲んでいる。それが嫌で帰らない。この風土を変えない限り東北の人口減少は止まりませんと先ほどの番組の中で言ったら、スタジオにいたすべての女性たちが強く頷きました。要するに、ジェンダーや弱者に対する視点などに問題を抱える町は、小手先の人口対策をやったくらいじゃ減少は止まりません。選ばれる自治体になれない。

藻谷　やたら女性にお酌をさせたがる都会の一部の大企業も同じです。地域文化、企業文化を早い時期に刷新したところが、生き残っていくのではないかと思います。

ある南九州の田舎町で、縁あって年に一から二回地元有志の懇親会に出るのですが、そこでは女の人も料理を出したがる人と座って飲んでいる人に分かれているし、男性も飲んで騒いでいる人と肉やピザばかり焼いている人に分かれる。飲食して懇談するのが得意か、黙って出して感謝される方が嬉しいか、それは個人差で、男女の差ではない。その会場では、市長も、若手も、風来坊も、男女関係なくフラットです。各自が個性を尊重すれば、そうなるのが当たり前なのです。

先日はその席に、教育熱心なお母さんが、商業高校に行っている娘を連れてきていました。そのお母さんも言っていたことですが、いまは商業高校や農業高校の熱心な生徒たちは、推薦で国立大学にも有名私大にも入れる。実業系の高校で社会に直結したサークル活動やボランティア活動を熱心にやっているほうが、普通科の高校で暗記テストばかりやっているよりもアピールしやすいし、入学後も伸びる。そういう世の中の変化に気づかず、子どもを学校名だけが売りのお受験エリートにしたがる親御さんが多いのは、本当に残念です。

自己決定力

——（参加者）お二人が考える「心の豊かさ」とはどのようなものでしょうか？

平田　私たちにもみなさんにも、地方は、経済は大変だけど心は豊かだという幻想があるでしょう。でも東京に住んでいても心が豊かな人はいるし、地方でも心の貧しい人はいる。私とか藻谷さんのように地方を回っていると、いままで語ってきたような成功例も目にしますが、他の自治体では文化なんて根絶やしです。ぺんぺん草も生えない。大型ＳＣ

（ショッピングセンター）が入って商店街が潰れてっていうところばかりです。回復する気力すらないような自治体も多い。土建系の人が首長の後援会をしていて、首長自身も建設会社のサラリーマンみたいなところも、いまだに多く存在します。国からどれだけ公共事業をとってこられるかが勝負だといまだに考えている行政です。もはやそんなものは機能しないと分かっていても、やめられない。

――（参加者）数ある地方の町で、幸せに、豊かに暮らすためには、何が必要だと思われますか？

平田　心や幸せは内面のこと、個人のことだから、政策や経済がかかわる部分はすごく少ないと思うんです。これが戦争直後とか本当に食えない時代だったら経済の豊かさが幸せに直結するけれど、いまは食える時代だから。

そうすると問題は、「自己決定力」だと思うんですね。現実にこれだけ豊かで暮らしやすい国なのに、日本の子どもたちは「自己肯定感」が低い。なんでそうなったんだろう。多少は教育で改善できるんだろうけれど、それよりは一人ひとりが自分の人生を決定していく自己決定力が大事だと思うんです。

たとえば豊岡市は人口八万人の町で、小さな短大が一つあるだけだから、非常に立派な進学校の豊岡高校があっても、卒業生の多くは一度市外に出て行きます。その時前にも述べたように、「憧れだけでは東京に行かせない」というのが市長と私の目指しているところです。そのためにどうすればいいかということを常に考えていく。そして私たちは、「東京標準で考えない。世界標準で考える」ということを政策の中心に据えました。世界標準で物を見ていれば、一八歳の時点で理由があってニューヨークやパリに行くのはいいけれど、憧れだけで東京にいくことはなくなるんじゃないか。それが豊岡の基本的な教育方針なんです。

そんなこと言ったって個人の問題だから、最終的には若者一人ひとりの判断に任せるしかないのですが、一八歳までの若者の判断力は家庭の経済力にも左右されます。家族で美術館やコンサートに行く習慣がなければ子どもだけでは行きません。自己決定力なんて自然には育たないんです。だから義務教育プラス三年間まで、自己決定力を育てる手助けは行政の責務としてやろうと考えています。そのあとは自分で考えてもらうしかない。

藻谷　「自己決定力」、本当にいい言葉ですね。日本のエリートとノンエリートの区別がナンセンスだと思うのは、エリートと称しているのに自己決定を一切できない人が大量に存在することです。まあそれも当たり前で、何をしたいからというのではなく、周囲に褒められるからというだけで「いい学校」に入り、教わった通りになるべく疑問を持たずに暗記し、東京の「いい組織」に就職した人たちがエリートとされているわけですから。つまり自己決定しないほど、東京に集まってエリートになれるというわけです。そんなエリートの皆さんや、なりたかったけれどもそうなれなかった皆さんが、大学を中退する、仕事を辞める、地方に移住する、そういう自己決定をした人たちを低く見るとすれば、笑止千万でしょう。

円周率は三・一四と教わればその通りに覚えて、試験に書く人がエリートになる。そんなの三でいいじゃないかと教科書を変えたら、「自分は三・一四と教わったものを三と教えるようでは、子どもがバカになる」とか、しまいには「日本の国際競争力が落ちる」と言い出す。国際競争は暗記能力の競争ではなくて、自己決定力の競争ですよ。

「いい学校に入って、教育カリキュラムにうまく能力を伸ばしてもらい、いい会社に入って、人事にうまくやる気を引き出されて働いています」というのは、まるで「いい養鶏場でいいエサで育てられて、いい籠の中でモチベーションを引き出されて卵をたくさん産んでます」という鶏のようなもの。地鶏の方が自己決定力があると思いますよ。

「複収入」のある田舎暮らし

藻谷　大きな組織であれば大きな仕事ができる、と言う人がいますが、ではその中であなたは実際、日々何を自己決定しているのでしょうか。あなたがいることで結果が変わりましたか？　党議拘束に従って票を入れるマシーンと化した与党議員のようなことになっていませんか？

もちろん田舎で自営していても、何のインセンティブもイニシアチブもなく、ただ漫然と事態に流されている人も大量にいるわけだけれど、逆にちょっとでもイニシアチブがある人間であれば、田舎での自営というのは日々これ自己決定です。特に直売所に野菜を出している農家にとっては、本当に万事が自分次第。東京の人間はうらやましくないのでしょうか。

自己決定の機会を奪われてまでも都会の大組織にしがみつく理由は、「外に出れば食べていけない」という不安かもしれませんね。確かに、この厳しい環境の中で演劇をプロデュースして食べていけているというオリザさんのような超人に、そう簡単になれるはずもない。そう言っている私自身が、用心深すぎて、最初の就職先の正社員を抜けるのに二十年以上もかけてしまいました。ですが世の中には、そのはるか手前で飛び出して、何とか自活している人がものすごくたくさんいます。田舎に行くとさらに多い。田舎の場合には彼らは、「そうは言っても田畑はあるし、食い物だけは何とか調達できる」という安心感に満ちていますね。

――私も組織に属さないフリーライターですが、確かにどうにかこうにか食いつないできたという自覚はありますね。自慢ではありませんが。

藻谷　どうにかこうにかしていける人の多い、治安もいいし景気も悪くないこの日本の住人が、口を開けば「不安だ、閉塞感だ」と繰り返すのはなぜでしょう。不安なのは日本の将来なのではなくて、あなたの老後が不安なだけではないでしょうか。

海士町あたりで生活している人は、八〇歳を越えても老後の不安もなんのその。ちょっと裏庭の畑を耕せば野菜はわんさか採れるし、それを人にあげているとお返しにいろいろなものをもらえる。だから国民年金だけでも食べられる。年金以外に「複」収入があるんです。診療所に通いつつ最後まで何かを育てながら暮らすので、医療費もさほどかからない。

平田　実際に奈義町でも豊岡でも、自宅での看取られ率が高い。高齢者医療の負担が相対的に低い。

藻谷　そうでしょうね。死ぬまで自宅で生きられるという自信、自信というかそれが当たり前という感覚がある。都会人は「田舎は東京の金で成り立っている」と言っているけれど、それはこれまで田舎に年寄りを残して都会に若者を集め、彼らに稼がせていたから。田舎への支援は仕送りのようなものでした。ですがいまや都会でも四人に一人は高齢者で、かつて田舎から出てきて稼いでいた世代に、医療福祉の費用が大幅にかかるようになっています。同じ高齢者を比べたら、自給農業があり年寄りにも社会的な役割のある田舎のほうが、はるかに「金食わない虫」なのではないでしょうか。

田舎にルーツのある人は田舎に帰ることを考えた方がいいと思いますし、都会生れ都会育ちの人も、どこかの田舎に片足を突っ込んで、参勤交代のように都会から田舎に通って、いざとなればそこで暮らせるくらいの人間関係を築いておいてはどうかと思うのです。

文化・芸術のＤＮＡ

――（参加者）人間のＤＮＡは長い歴史の中で精製されてきたものなのでしょうか？

藻谷　ＤＮＡは一〇〇万年の時間をかけてゆっくり編み上げられて来たもので、数万年単位で変わるものではありません。各人がそれぞれ持っているＤＮＡのほんの一部を表に出すので、そこに外見の違いだとか個性だとか民族だとかができるわけですが、本質的な共通点の方が多いと思います。どんなに未開の民族でも、火を使い、言語を操り、何か生き物を育てるという行動は必ずやっていますし、壁画を描くとか楽器を鳴らすとか、何か芸術活動をしている。もともとＤＮＡの中にそういうものがあるのではないでしょうか。

もっとすごいのが犬で、人間が品種改良をしたもので外見も大きさもまるで違う種類が無数にありますが、種類が違っても親しみを感じるのかお互いにお尻の臭いを嗅ぐし、チワワとピレネー犬でも子どもが生れる。ＤＮＡは共通であり、ただ現れ方が多様なのです。

平田　文化というのも多様です。私はよく文化と文明の違いの話をしますが、文化とは個別的で、客観的な合理性のないものです。好みなどに左右されている。

子どもたちに説明するときは、寒いから服を着るのは文明。でもそこに和服がありチマチョゴリがあり、チャイナドレスがあるのは文化、と言います。もちろん風土に規定されるものもあるけれど、どういう色が好きかとかどの生地が好きかというのは、長年その民族において培われた文化によって決定されるんです。

これがある種洗練されていくと、他の民族にも採用される文明になっていきます。たとえば言葉が全く違うのに漢字を使うとか、ナイフとフォークを使うのは文明です。そこをきちんと区別しないといけない。

さらにもう一つ芸術というものがあって、文化が突き詰められるとある種の普遍性が発見されて、もう一回世界化していくのが芸術です。それがおもしろいところで、だから芸術は国境を越えていく。

藻谷　特殊なことを突き詰め続けるゆえに、普遍化していくと。

平田　文化というのは基本的に他の民族には了解してもらえないところがあるんです。だからよく文化は衝突する。文明の衝突はもっと大きな枠組みだけれど、文化は日常的に衝突するんですね。日本と中国と韓国との間で衝突する。でも芸術はこれを越えていく。

現実的に演劇界は日本と韓国はものすごく仲がよくて、共通の風土を持っています。

藻谷　縄文人がもしいま生きていれば、我々とは習慣も感覚もまったく違うでしょうし、言葉も違う。でも火炎土器を見ていると、そこに表現されているのはいまの感性とはまったく違うけれども、感動することは間違いない。芸術は文化を超えるとはこのことでしょうか。

平田　ヨーロッパの人達が見てもあの火炎土器は感動しますね。ただ日本人は縄文人についてのストーリーを持っていて刷り込まれているから別の文脈で感動するけれど。

教育における芸術の役割というのは、世の中にこんな変なことを考える奴がいるんだ、こんな変な奴でも生きていけるんだという人と出会わせること。それは普段の生活でもできるんですが、すごく時間がかかったりするし、偶然にも頼らないといけない。芸術というのはそれを集中的にできるんです。東京でも地方の村落共同体でも、かつては原っぱで土管に住んでいるような人がいました。ドラえもん、バカボン、パーマンの世界ではそういう変な人がよく出てきます。

山田洋次監督の「寅さん」がまさにそういう世界の住人です。山田監督の映画には親戚中の嫌われ者、厄介者の変な弟といった、何して生きているんだろうと思う人が必ず共同体の中にいる。かつてそういう人はどこにでもいて、社会のバランスをとっていたんですが、いまは地方ほど、そういった変な人が住める無駄の領域が許容されなくなっている。地方ほど多様性があるはずだったのに、いまは地方都市ほどのっぺりとした顔のない街になっている。進学先にしても、地方ほど普通科信仰があって、公務員になるのが一番と思っている。少なくとも、そういう親がたくさんいる。

昔はそういう変な人、芸術家崩れが周囲にたくさんいて、全共闘で人生棒に振ったとか、「天井桟敷」(※歌人・詩人・劇作家の寺山修司主宰のアングラ劇団。「見世物の復権」を唱え、市街劇など過激なパフォーマンスでも有名)に五年いたなんていうおじさんと地方都市でも自然に出会えたんだけど、そういう人がどんどん減っていて、変なものとか不条理に向きあうということが、地方ほどできなくなっていますね。だからこそ地方ほど社会システムや教育システムの中で、芸術に触れさせないといけないと思います。

おもしろがる精神

——豊岡では前述の城崎国際アートセンターという稽古場施設をつくりましたね。まさに芸術の殿堂のような施設ですが、地方にも芸術や文化を育てることはできるということでしょうか？

平田　いやいや、そんなに簡単ではなくて、城崎国際アートセンターにやって来るコンテンポラリーダンスって、私が見ても「なんだこりゃ」っていうのがいっぱい来る。本当にめちゃくちゃです。中貝市長はそれをほとんど見に来ていて、私より見ているんです。別に分かっているわけじゃなくて、「平田さん、今回もわからなかったよ。もっと、とんがって」みたいなことを平気で言うんです。

この前も市長が教育長に対して、「ＡＩの時代で三分の一の職業がなくなるそうだから、豊岡では、それを前提にしたキャリア教育をしてくれ」という指示が出ました。そういうセンスがある人が首長だとおもしろい。でもこういうおもしろい、センスのある首長は、全国に何人いるかといった程度じゃないでしょうか。

藻谷　豊岡は広域合併で大きくなった市です。合併された中に、城崎町や出石《いずし》町といった、独自のまちづくりをやってきた町があったのですが、それらを潰すんじゃなくて生かそう、というセンスが豊岡市側にもありました。合併前から豊岡市が取り組んできた、野生のコウノトリを復活させる活動も、その後大きく実を結んでいます。

豊岡のコウノトリ復活と言えば、佐渡のトキも同じですね。佐渡も広域合併で市になりました。野生のトキの復活に成功して、もう一〇〇羽以上が自然の野山を飛んでいるのです。佐渡にはずっと昔から和太鼓集団「鼓童」がいて、世界中からお客さんが集まるイベントをやっている。世界遺産を目指す金山もあれば、他に先駆けて世界市場を開拓した地酒の蔵もある。ですが残念ながら、急速な人口減少を止められていない。行政にも、クリエイティブな取り組みが欠けています。

平田 一方で、奈義町の町長はキャラとしては普通の人です。役人上がりで、町には他にキーパーソンがいるわけでもない。だけど全体として何か動きが見えている。先にも述べた小豆島町長は島の出身で四〇年間官僚をやって戻ってきた人で、官僚的なセンスがあった。豊岡市長の前歴は県庁職員から県議会議員です。だから、これだからいいということはなくて、本当にケミカルな反応が起きるときに何かが起きるんですね。

藻谷 いわゆるタレント的な「リーダー」が必要なわけではなく、もともと地元にいる人材の間に化学反応が起きるタイミングを、うまく捕らえて反応を促進できるか、ということですよね。

佐渡島の人口は七万人。東京の練馬区は七〇万人で佐渡の一〇倍ですが、練馬区に佐渡の一〇倍の数のおもしろい人材が集っているかというと、実感としてそんなことはまったくないでしょう。

逆に言えば、人口の少ない佐渡はその分おもしろい人材の密度が高いということです。ですから佐渡は、地元に高い密度で存在する人材の間に、どう化学反応を起こすかに注力すればいいのです。人材の化学反応を起こすためには、連絡調整に秀でたファシリテーション能力を持つ人材が必要ですが、そういうファシリテーション能力を持つ人間に限って、都会に集まって普通のサラリーマンになってしまっている。

練馬区は島根県なみ、板橋区は鳥取県なみの人口を擁していますが、練馬や板橋に島根や鳥取に匹敵する古くて多様で奥の深い文化的な蓄積はない。東京の文化力を頭数で割ると、あまりにも薄い。これだけ人がいるのにその割にはなんて多様性がなくてつまらない町だろうと、私はずーっと思っています。せっかくの能力を持つ人が、オフィスビルの中でくだらない会議にエネルギーを使い潰して、残った分を通勤で使って、ポテンシャルを発揮できずにただのサラリーマンで終わっていく。田舎だったら首長になってもおかしくないような有能な人達なのに。

ロミオがんばれ

平田　人口が少ないメリットは教育行政や文化行政で考えるとわかりやすくて、地方だといったん始めると、人口が少ないからすべての子どもに満遍なく普及できるんです。豊岡市では狂言の公演はすべての子どもが見ます。音楽も一流の演奏家が全学校を回ってきて演奏する。今年度からはすべての小中学校で演劇の授業が始まります。奈義町では小中学校が一校ずつですから、そんなのは当たり前。小豆島も同じような状況です。

私は演劇教育をやっている自治体は合計特殊出生率が高いというエビデンスを出したいと願っています。コミュニケーション能力が高まるので、きちんと男女交際ができる子どもたちになる。これが究極の少子化対策です。

藻谷　なるほど。男女交際に必要なのは演劇能力。それを鍛えていないから結婚しない。

平田　藻谷さんも言うように、男の側の問題の方がより大きいんです、男女交際ができないのは。すべてではないですが、やはり地方の男の子や一人っ子だと口下手の子が多くて、それでも昔は世話焼き婆さんなんかがいたからなんとかなったんだけど、いまは自分で積極的にアプローチしていかないと女性と交際できない。だからコミュニケーション能力を高めるのは、長期戦ですが、最も重要な少子化対策だと思っています。

藻谷　とても説得力がありますね。ですが実際には、ほとんどの地域で子どもは演じることを学習しないまま大人になっている。では日本の少子化はもう止まらないのでしょうか？

　あるイギリス人に聞いた話ですが、百数十年にわたって子どもの減り続けた村がイギリスにあったのですが、ある頃から突然に子どもが減らなくなって、とうとう増え始めた。産業革命以前の話で、都会との行き来があったわけではない。ではなぜ減少が止まったのか。いろいろ研究したところ、子どもを産むことに興味のない人のＤＮＡが淘汰され、産みたい人のＤＮＡしか残らなかったからではないか、という結論になったそうです。積極的に子孫を残した人の勝ちということですね。

　これを日本にあてはめれば、自己決定をしないまま世間の風潮に従って都会の大組織を選び、その中で擦りつぶされていく人の遺伝子は残りにくい。子育てしやすい地方に移るとか、都会であっても自活の道を力強く探るとか、そういう人の遺伝子が残っていきやすいということになる。つまりいずれは日本でも、肉食系のＤＮＡが卓越するタイミングが来るということになりますね。

平田　ＤＮＡは変わらない。ただ戦後七〇年間の短いスパンでみると、高度成長末期以降の四〇年間、教育のシステムが社会のシステムの変革に完全に追いついていない状態になってしまった。特に地方はこれが端的に現れている。高度経済成長を支える歯車のような産業戦士を生み出す教育を続けていたら、コミュニケーション能力は当然低下する。コミュニケーション能力が低ければ交際相手を見つけられないので、当然非婚化が進み、少子化になる。自然な流れです。ここを変えれば、別にＤＮＡは変わってないんだから、普通にいまの子どもたちでも男女交際はできるし、子どもも産むようになる。行き詰まっている血栓をちょっとつついてやれば相当流れはよくなるはずなんですが。

藻谷　「子どもが減るのは、女が結婚して子供を産むということが、当たり前ではなくなったからだ」と、中高年のオヤジが言いますが、それを聞くたびに思うのです。「この人たちは、子どもというものがまるで工場の製品のように、皆が一律に同じように行動することで量産されてくるものと思っているのだろうな」と。実際に起きているのは、皆が一律に働いてばかりいて、コミュニケーション能力がないので性欲を画面相手に処理するばかり、という事態。子どもが多い沖縄などでは、むしろシングルマザーが多いのであって、結婚して子供二人なんていう「標準家族」はどんどん減っているのが現実です。

平田　城崎ってシングルマザー率がすごく高いんです。温泉旅館の集合体の町だから、子連れで働きに来ている仲居さんとかが多くいらっしゃる。でもそれが当たり前だから、学校でイジメとかも起こらないそうです。みんながそうだから。

それに、旅館のオーナーの息子と従業員の息子とテンポラリーに働きにくる仲居さんの息子が同じ教室にいる。これは教育上、すごくいいことです。

藻谷　そういうのは分けたほうが教育上いい、と思っている人は、子どもを多様な現実に触れさせない方がいいと思っているわけですね。そういう風に育てられた人が、震災にあって避難所に行ったら、すごく苦労するでしょうね。

再度自己決定力を

――（参加者）先程の話の、自己決定力がある人をどうやって生み出せばいいのでしょうか？

平田　まず整理しますと、自己決定力という人間にもともと備わっていたものが、何か社会的なシステムに組み込まれて失われた。東京は特にそれを失わせやすい環境にある。だから私の感じから言うと、いま、東京の一〇〇万人を地方に分散させると、日本はとても楽になるんじゃないかと思います。でもいまの地方に、残念ながら一〇〇万人は受け入れられない。

たとえば豊岡市に数百人が入ってくる。戦争時の疎開みたいなものですね。まあ全国の自治体が頑張れば、十年で一〇万から二〇万人程度は可能だと思うんですが。

フランスは中央集権国家ですが、パリはとてつもなく住みにくい町なんですね。全然バリアフリーじゃないから、中高年になるとどうしても富裕層ほど地方に行く。半ば偶然なんだろうけれど、そういうシステムになっていて、空いたアパートに子どもたちが住んだり若者たちに安く貸したりという循環が起きている。パリの中心部には新しいアパートなんて建てられる場所はありませんから。そして貸しているアパートから家賃収入がある。明治時代の貸家みたいなものです。

東京はシステム上、そういうことは難しいんだけれど、どうにかして人口を小口で分散させないといけない。個別には豊岡、奈義町、小豆島などで自己決定力を持たせるような教育は実験的には成功させてきた自信はある。ただ、これを全国に広げるのは相当難しいんじゃないか。厳しいかなと思っています。

藻谷　大都市に集積する生活が自己決定能力を失わせるとするなら、長期的にはその問題は解決に向かいます。なぜなら大都市はいまのままでは、少子化による人口減少で解体していくからです。古代ローマがそうでしたが、あまりに少子化が激しくなりすぎて、つまりそこに集まっていた人たちが自分のＤＮＡを残すのに失敗して、結局は小さな中世都市に成り下がってしまいました。その千年後、古代ローマよりははるかに小さな商業都市のネットワークの中から、ルネサンスが勃興します。東京も、いまの出生率一・一が続けば、一〇〇年ほどで大きく縮小することは避けられません。その後に、田舎町のネットワークの中からおもしろいものが生まれるのかもしれないですよ。

そもそも東京を支えている雇用も危ういのです。いまは産業用ロボティクスの進展の最盛期で、地方の工業都市の雇用がどんどんロボットに奪われていますが、これに続いてＡＩ（人工知能）の利用が進めば、今度は東京の事務職の仕事が大量消滅に向かいます。

人口が減り続ける話というのは寂しいものですが、さっきの串間のように、いくら高齢化を極めようとも「ある年代から下の数は一定」という状況を作り出せると、その後数十年かけて総数の減少も止まっていきます。自己決定をして田舎を選んだ人のＤＮＡが多く残れば、日本人自体の気風もそういう傾向になっていくでしょう。

大学無償化を

――（参加者）長野県では私立大学を公立大学化して県外に出て行く若者を引き留めようとしています。それでいいのでしょうか？　つまり若者たちが自己決定する前に、経済の原理を優先してしまっていると思うのですが。

藻谷　上田の長野大学を公立化する話ですね。私学を公立化して生き残りを図った例は、豊岡に近い福知山にもあります。それがうまく行くか行かないかは経営努力次第ですが、一つ言えるのは、若者の多くはどのみち、地元の大学にはあまり行かないということです。でも地方の子が別の地方の大学に行くということは結構あります。

長野大学に上田の子が行くことは少ないけれども、経営が安定した結果、群馬や新潟の子が増えるということはあるかもしれない。それから、「下宿してまで大学に行くお金はないけれども、地元の大学がまともなのであれば行く」という子もいるでしょう。いずれにしても、公立化が自己決定を阻害しているわけではないですよね。

平田　親の側には公立のブランドイメージがありますね。福知山がそうでした。

藻谷　そもそも大学は無償化したほうがいい。フィンランドみたいに、生活費支援も充実させた方がいいでしょうね。東京生まれの子どもをもっと地方の大学に行かせて、大都市ではない世界を学ばせるためにも。これってカリキュラムがどうのこうの以上に重要なことです。

公費を投入すると競争が阻害されるのではないかという人がいますが、現状は親の貧富の差が公正な競争を阻害しています。親の財産力が次の代の教育に影響する国は、いずれ滅びます。

平田　教育に税金を投入するのは間違っていなくて、先ほどの藻谷さんのお話のように、これまで最大の出費はエネルギーだったけれど、いまはこれがどんどん減っている。長野県は二〇五〇年までにエネルギー自給を達成すると言っています。長野県ができるということは、東京と大阪あたりのいくつかの自治体以外は、がんばれば自給できるようになるということ。そうするとエネルギーのために出て行くお金のことは考えなくていい。もちろん基幹産業は必要で、外貨も必要だけれど、お金（現金）がなんで必要かというと、一番は教育なんです。

いまは家庭の出費としては教育費がすごく大きくて、地方で一人の子を東京の大学にいかせるのはたくさんのお金がかかる。だから現金収入が必要で定職についていないといけない。定職につくためには公務員にでもならないとやっていけないという地方が抱えている悪循環になる。だから教育と文化を自給できるようになると、エネルギーの次の支出を抑えられる。教育の無償化は特に地方にとっては大きな方策なんですね。

藻谷　地方にとっても重要ですし、食料自給率も自然エネルギー自給率もほぼゼロ％のうえに天災の危険の大きい東京から、少しでも多くの人を地方に循環させ、もっと国土全体を活用することは、日本全体にとって重要です。ついでに言えば、東京の「名門校」で国内でしか通用しない理屈を勉強するよりも、英会話能力を身に付けて一度海外に出て行くことの方が、よほど子どもの可能性を大きくしますよね。

平田　たとえばスペインでは、法律で外国語を学ぶ権利が全国民に保障されています。どんな地方都市にも外国語を学ぶ学校があります。ほぼ無償で。それが国民の権利なんです。そこに多大な税金が投入されている。驚くことに日本語もどこの都市でも学べるんです。

藻谷　なるほど。スペインは外国人相手の観光収入で食べている国ですが、それが成り立っている背景には、そういうことがあったわけですか。

平田　日本でも八戸市は、この前市立の本屋さんをつくりました。本のセレクトショップのようなお店です。青森県は弘前に紀伊國屋書店があって、知識人は前は弘前まで、あるいは盛岡まで本を買いに行っていたけれど、いまは逆転して弘前や盛岡から八戸に来るようになった。すごく極端なセレクトショップで、ハンモックに乗って本が読めたりする。民業圧迫にならないように、市が小中学生に図書券を配るので他の書店も潤っています。八戸市の市民は本を読む権利が守られているということを市政の中核に据えたんです。今後はそういう変な市がたくさん出てくると思います。そういう点では、地方は相当おもしろくなりますよ。たとえばダンスを見ることが市民の特権である町とか。

藻谷　ダンスいいですね。地方でもダンスパーティーをやるべきなんです。地方に女性を定着させるためには必須ですね。女性がハイヒール履いてお化粧して出かける場所をもっとつくることが、東京に対抗できる魅力づくりにはとても重要です。

平田　お洒落な場所を増やすってことですね。沖縄の南城町にシュガーホールという素晴しいホールがあって、そこの芸術監督の方が言うには、ホールでクラシックコンサートをやるようになって町民たちの服装が変わった。晴れの場ができて月に一度のクラシックコンサートに正装して行くようになった。そういうことが大切なんですね。

何故下り坂で不安なの？

藻谷　人口減少、経済縮小の「下り坂の時代」というけれど、それのどこが不安なのか、私にはよく分からないんです。下り坂は大変なんでしょうか？　確かに際限なく下るのでは困りますが、さんざんお話ししたようにそういうことにはならないのです。ローマも、結局古代よりも人口の多い都会として復活しているではありませんか。海士町くらい小さくとも、人間が生き生きと暮らせる場所であれば、何の問題もないでしょう。

東京は世界最大の町ですが、若者が自分たちの半分の子どもしか残せない町になってしまっているという点で、生物学的には失敗しているのです。正確には、「東京以外に子どもがあふれかえっているので、少し引き受けてもらいたい」という昭和二〇年代のような状況であれば存在意義があったのですが、そんな時代はとっくに終わっている。「自分がいるところが世界の中心だ」と思える若者を地方に増やす、これからの時代にはそれが必要です。

「天の時、地の利、人の和」と言いますが、日本人は日本が「人の和」で成り立っている国であると誤解している節がある。そうではなくて、日本の特長は何といっても「地の利」なのです。世界の端の、他国の干渉を受けにくい場所に、火山と暖流と季節風に育まれた、森林率のきわめて高い、降水量の極めて多い、地味のたいへん豊かな列島があって、古代から世界有数の人口支持力（※ある環境条件の地域が維持できる最大人口）がある。そこに近代技術が導入されたことで、全国どこでも豊かな自給農業が営めるようになった。化石燃料は自動化された工業が稼ぐ外貨で購入でき、その価格上昇には自然エネルギーの活用率向上で対処できる。この「地の利」をどう活かすのか、東京にばかり集まっていないで、自分の自己決定で決めればいいのです。

平田　私たちの話でわかりにくいところがあったとすると、自己決定力という言葉自体をいまの東京のスタンスでいうと、東京にはある自明の枠組みがあって、自分がその中のどのパーツに入るかを決めることが自己決定力だと思われるのかもしれない。

そうじゃなくていま話してきた文脈で言うと、地方における自己決定力というのは、社会の中で自分の能力を生かして暮らしていくこと。単純に言うと、ここまで言ってきたように複数のポジションをこなすとか、状況によって立場が変わるとか、そういうことです。私はこれを、「就職する能力より転職する能力」と呼んできました。

たとえば奈義町の職員採用試験で最初に私が言ったのは、みなさんは奈義町役場に就職した瞬間に八〇分の一のクルーになります。八〇人しかいないんだから、八〇分の一の細胞になるわけです。東京都の一六万分の一とは全然違う。しかも同時に六〇〇〇分の一の町民にもなってもらう。良き町民にもなってもらわないといけない。東京の職員のように、埼玉や千葉、神奈川から通うのとは違うんです。

だからその全人格が問われる。地方ほど小さなコミュニティだから、自分がどういう社会的な役割を果たすかを自分で決めるということが、いま話してきた自己決定能力です。

藻谷　地方は人間がコラボレート（協働）する場だけれど、都会はコンペティション（競争）してしまう場なんですね。参加者が自分で考えて協力し合うのがコラボレートで、指揮命令系統を決めて蹴落としあうのがコンペティション。自己決定能力を鍛えるのは前者です。

自己決定して協働できれば、八〇歳、九〇歳になっても居場所がある人間になれます。野菜をつくって誰かにあげるとか、祭りの用事を引き受けるとか、子どもに何かを教えるとか、常にコミュニティーとかかわり続けられる。

逆に都会の大組織の中でコンペティションばかりしてきた人は、退職後も、協働すべきところで無駄に競争を始めてしまいがちです。本当は都会にも協働すべき場はいくらでもあります。たとえばマンションの管理組合が典型ですが、競争しかできず、他人と協力し合うことで自尊心が傷つくタイプの人が混ざるので、なかなか機能しません。田舎に行くほど、消防団だの、祭りの運営だの、用水路の修理保全だの、コラボレートしなければならない場が多くあるので、その中でどう自己決定しながらどう役割を果たし、自分の居場所を獲得するかという訓練を積むことになります。それが小さなコミュニティの良さです。

仮に都会に定職があっても、早い段階で地方と都会を行き来するような生活を始め、自己決定力、協働力を鍛えたほうがいいのではないでしょうか。

――それは養老孟司さんが言う「平成の参勤交代」スタイルですね。一年の中で都市と地方を行ったり来たりする人が増えていますね。都会の人でも、血縁ではなく関係人口として田舎＝故郷を持つという暮らし方です。

平田　そういうふうにもっと自分がコラボレートする場を日本中につくっていけばいいと思うんです。でも企業の中につくるのはあんまり賛成しません。組織にあっけなく捨てられる危険性がある。小さな企業の中なら可能性もあるのでしょうが。

三章
下り坂か、高原か

寂しい人をほめる

藻谷　オリザさんは芸術家なので、石器時代人がアルタミラ洞窟に住んでいたころから存在していた仕事をやっているわけですが（笑）、芸術家って、これまた石器時代から、誰か養ってくれるパトロンがいないと成立しない仕事です。券を売って、絵を売って、それだけで食べて行けるのはほんの一握り。そうだとするとオリザさんたちにとって、下山の時代というのは、つまり金のない行政や大多数の高齢者と、金をため込むばかりで使わない一部の企業や富裕層に満ちた現代は、厳しい時代のはずなんです。でもオリザさんは生き生きとしている。その「生き方」に何か秘密があるんでしょうか。実は、言われているほど日本は下山状態ではないのかなとも思うのですが。

これも二章で触れた『藻谷浩介さん、経済成長がなければ僕たちは幸せになれないのでしょうか?』に書いたことですが、頂上を目指して歩き続けて来たけれど、着いてみたら狭くて風が強くて居心地が悪かった。ちょっと降りたところにある窪地の高原とか湖畔の方がずっと気持ち良い、というようなことがあるものです。確かに見渡すともっと高い峰々もあるけれど、そんなところまでいちいち登るより、こっちにとどまった方がいいんじゃないか。尾瀬ヶ原とか尾瀬沼なんてまさにそれですね。

　私は現在の日本は、この「ちょっと下がった高原状態」なんじゃないかと思うのです。

平田　私が『下り坂をそろそろと下る』という本を書いたのは、藻谷さんの言っている人口減少は大変なことなんだということが、なんで世間に受け入れられないのか、広まらないのか、なぜ世間はこの論に納得しないのかということを、説得したり説明したりするのも芸術家、作家の役割であると思ったからでした。

　つらつら考えるに、きっと下山ということを受け入れられない人は「寂しい」んだろうなと思った。もはや成長しない、上り坂ではないということが。だからそう言う人は「ほめて」あげないといけないな、ほめて育てるということが必要なのかなと思ったりしています。

　よくがんばったね。いまの日本は、明治以来、臥薪嘗胆とか戦後復興とか高度成長とか、よくぞここまで頑張ってあがってきた。でももうゆっくりしていいんじゃないか、休息していいんじゃないか。上ってきたことを認めないと、下れないんじゃないかとも思うんです。日本は下り坂にいる、経済成長はもうないんだということを受け入れられない人たちをどうするか。それも非常に大きな問題だと思います。だから、「下り坂じゃないですよ、高原状態ですよ」というのも一つの論法です。私は常に、「日本はもはやアジア唯一の先進国ではない」と言ってきた。もちろん日本は立派な先進国です。住みよい、暮らしやすい、安定した国です。ただ、唯一ではなくなった。そのことくらいは認めないと、話が先に進まないと思うのです。

――長い間の上り坂の成長時代の成功体験が身体に染みついちゃった人が多いわけですね。

イノベーションで成長は無理

平田　経済成長のことを考えるとき、格好の事例と出会ったんです。先日、たまたまヨドバシカメラに行ったんですが、大画面テレビのコーナーで五〇インチのテレビが二〇万円を切っているのを見てびっくりしました。一八万円とか安いと一五万円のものもある。日本はすごいと改めて思います。その隣では四Kで一〇〇インチくらいのテレビが二〇〇万円なんて値段で売られているんですが、こういう並びで二〇〇万円のほうを買うのはよほど画面オタクみたいな人だなと思いました。

藻谷　それは「格安ホテルに泊まっても、飛行機だけはファーストクラスに乗る」みたいな人ですね（笑）。

平田　こうして並べてみると、この二〇〇万円のテレビも数年後には二〇万円台になっていると誰もが考えるでしょう。どう見ても数年後には四Kテレビも値崩れすると分かる状況なのに、いま二〇〇万円を誰が出すんだろうか？　だって隣の五〇インチのテレビだって十分に高級感がありますから。これこそが「デフレの正体」だと思いました。

私は以前からシャープの液晶テレビの「亀山モデル」に着目していました。シャープはあの技術は中国や東南アジアではつくれないと、九〇年代後半まで言い張ってきた。本当はデジタルになればなるほど技術は真似しやすくなるのに。一番真似できないのが真空管テレビなんだそうです。職人技なので。その後液晶テレビは見事に中国や東南アジアの企業でも量産され、そんなこともあってシャープは経営がたちゆかなくなった。

私が籍を置く大阪大学でも、ナノテクノロジー技術の発展が凄くて、将来的には、携帯電話やパソコンを一カ月充電しなくてもいいような技術が生まれています。そうなるとバッテリーは劣化しないし廃棄も少なくなる。ちょっと冷静になればわかりますが、ナノテクだから小さくなるし、大量生産には繋がらないわけですから、拡大再生産の「夢よもう一度」にはならないわけです。いまのテクノロジーはみなこの方向で、省エネ、少量、軽量の方向です。実に環境に優しい最高の技術なんですが、それを高度経済成長と結びつけるには無理がある。

そういう状況を見ていけば、どんなにイノベーションしても夢のような高成長はあり得ないと素人目にも分かる。技術はすぐに他国に真似されて安く輸入されたり、書籍のように無料のネット媒体に食われたりしている状況で、数字で測るＧＤＰは、大きくは上がらないことになります。経済すべてがこんなにわかりやすい縮小方向の状況なのに、なぜかいまでも、国全体の方向だけが「経済成長幻想」から抜けきれない人がいる。それが不思議なんです。

藻谷　まさに我が意を得たりです。最近のものづくりの技術革新は、オリザさんご指摘の通り、省エネ、少量、軽量の方向で製造費用を低下させる、つまりは金額換算された経済規模を縮小させるものばかり。欧州などで、ガソリン車の使用を将来的に禁止し電気自動車にシフトさせようという動きが広まっていますが、そのようなことになればエンジン関係などの部品点数は大幅に減って、自動車産業の規模は縮小します。スマホは、出版物やＣＤやチケットやゲームセンターなどを代替し始めていますので、製紙業や印刷業やマスコミ、音楽や娯楽などの産業分野で、大きな売上減少をもたらしつつあります。いずれも環境にはいいことなのでしょうけれども。

ところが経済学者の多くは、「イノベーションで経済は成長する」と語る。これはどういうことでしょうか。実は、彼らの言う「イノベーション」とは世間一般の意味とは違った彼ら独特の用語でして、「労働力と資本以外の何かで、経済を成長させるもの」という意味なんです。「意味なんです」といいましたが、実際にはこれは、意味がない定義ですよね。「経済を成長させる何か」を「イノベーション」と呼ぶのであれば、イノベーションがあれば経済が成長するのは当然です。これは単なる同義反復（トートロジー）にすぎません。経済が成長したら「イノベーションがあった」と言い、経済が成長しなかったら、「イノベーションがなかった」と言い訳できる。肝心のイノベーションの中身はわからないまま、まったくの結果論に終始するわけです。学者ともあろうものが、よくこんなマヌケなことを口にできるものだと思いますね。

ところで世の中には、この同義反復語の「イノベーション」を、普通の意味でのイノベーションと混同して「技術革新」と誤訳し、「新技術が登場すれば経済は成長する」と信じ込んでいる人が大量に発生しています。オリザさんご指摘のように、それはとても現実離れした考え方なのですが、「救いはある」と語る一種の宗教のようなもので、蔓延する一方です。

それでは「イノベーション」というか「労働力と資本以外の何かで、経済を成長させるもの」とは結局何なのでしょうか。二〇一〇年刊行の『デフレの正体』の第八講で書いたことなのですが、それは技術革新には直接関係ないものでして、早い話が「消費者一人当たりの消費額を増やすような工夫」です。社会システムの工夫、経営の工夫、商品の工夫、いろいろありますが、一番わかりやすいのは賃上げですね。他には、消費者に受け入れられるような値上げです。いずれも消費額を増やし、経済を成長させます。

たとえば日本人はここ二〇年間に急に高い輸入オリーブオイルを使うようになって、その市場は成長しました。別に何か製造技術の革新があったわけではなく、嗜好が変化して、おいしいオリーブオイルにはお金を払うという人が増えたのです。同じく三〇年前には誰もお金を払って買うことなどなかった水のボトルを、いまでは皆が愛用していて大きな市場が成立していますが、これもペットボトル技術の登場もあったかもしれませんが、水道の蛇口からいくらでも飲める水にお金を払って買ってくるという意識変化が起きたことが大きいのです。同じペットボトル飲料でも、炭酸飲料は伸びていません。経済学者の言う

「イノベーション」の正体って、要するにそういう身近なことなのです。

ですが、ほとんどの商品はあまっていて、値上げできるどころか値崩れするばかり。それがいわゆるデフレを生んでいます。

デフレの要因

平田　デフレになる要因の一つは、中国や東南アジアの技術も優秀だからすぐに追いつかれるということ。特にマスでロットの大きい技術は、ほとんどが真似しやすい技術なので、確実に追いつかれます。もう一つはデジタルの問題で、日本の工場は完成品の歩留りがいいと言われていましたが、デジタルはそもそも劣化しないしコピーがしやすいから歩留まり一〇〇％なんです。歩留りを競う職人技の技術じゃない。従来型のそういう発想では、やっていけない。

これからは一〇〇点を目指して九九・九九九九を達成みたいな世界ではなくて、ある部分は六〇点だけどある部分は一二〇点みたいな、そういう人じゃないと生き残っていけないんじゃないかというのが私の印象です。

藻谷　ある部分は六〇点だけどある部分は一二〇点、というような人は規格品を大量生産するような職場には向かないので、戦後のお受験の世界では不利に扱われてきました。障がい者を排除するのも、認知症の人を隔離しようとするのも、本質は同じですよね。そういうところから見直さないと、それこそ経済成長など夢のまた夢かもしれません。

認知症の演劇情動療法

平田　認知症の話、私もしたいと思ってたんです。経済の話とは違いますが、人間の本質とかかわる問題なので。

東北大に藤井昌彦先生という方がいて、「演劇情動療法」という、認知症の治療に全面的に演劇を取り入れている学者さんです。仙台富沢病院という、宮城県の認知症治療のメッカのような病院です。この治療を取り入れると、薬の使用量も劇的に減って徘徊や怒りだすといった問題行動も減ります。これからは認知症八〇〇万人時代と言われますから、大いに注目されていい療法だと思います。

その考え方がおもしろい。認知症って計算とか記憶（ＩＱ）を司る大脳新皮質が衰えて発症しますね。ＭＲＩなんかで脳を見ると、この部分が明らかに萎縮している。ところがその奥にある感情や情動（ＥＱ）を司る大脳辺縁系は逆に活性化してくる。脳というのは、ある部分が衰えると、周囲がそれを補うような働きをするようなのです。だから、情動の部分は活性化している。認知症の人が怒りっぽかったり喜んだり泣き上戸になったりするのはそういう理由からのようです。

ならば、それを理解して対応してやればいい。たとえば認知症のおばあちゃんが財布を開いて「あ、一万円札がない。あんた盗んだでしょう」と嫁に言ったら、「盗んでなんかいませんよ。おばあちゃんが忘れたんじゃないの？」なんて新皮質的、ＩＱ的に説明するとより問題行動がひどくなる。そうじゃなくて演劇的に一緒に驚いてやって「え、ないんですか？　そりゃ大変だ」といって一緒に探すんです。介護の人にも演劇的なワークショップを受けてもらって、一緒に七転八倒して探す演技をする。一五分くらいすると疲れてくるんで「おばあちゃん、ないね〜、ちょっとお茶でも飲んで休もうか？」といってお茶を入れると、おばあちゃんの方は、もう財布のことは忘れちゃう。そういう演劇的な介護のワークショップを、岡山にいるうちの劇団員の菅原秀樹もやっていて注目を集めています。在宅介護人も、演劇的なスキルを身につけてこういう対応をしていればストレスが少ない。疲れないし楽しめる。

藻谷　なるほど。それはこれからの時代に絶対に必要なスキルですね。

平田　藤井先生が偉いのは、その背景の思想がおもしろいことです。認知症の診断テストって「一〇〇引く一三」ができますか？　という、いわゆる大脳新皮質の機能を試す問題が三十問くらい出されるんですが、そもそもそんな計算ができる必要があるか？　というお考えなんです。要するに「一〇〇引く一三」がパッと答えられることを前提に近代社会はできている。でも近代以前の農民は、そんなことは即答で答える必要はなかったはずです。計算とか円周率とかそういうものをフルスペックで必要とする社会を築いてきてしまったけれど、その前提を外せばみんなもっと楽しく暮らせるんじゃないか？　少なくとも病院という一つの生態系の中ではそれは十分に可能なんです。そうやっていくと、認知症の人でもやれることはどんどん増えていく。認知症患者に対して処方される薬の多くは精神安定系のものですから、当然、こちらの使用量も減っていく。

もう一つおもしろいのは、認知症の人たちはコンテンポラリーダンスとか、わけのわからないものにすごく反応するんです。平凡な盆踊りとかは駄目で、ボランティアの人が病院にやってきて盆踊りをやったりすると、前の方の人たちは義理で一緒にやるんですが、後ろの方の人たちは「下手くそ」なんて言っている。でも難解なダンスには注目する。なぜそういうことが起きるかというと、私たち近代人は現代アートを見ても、その意味を考えてしまう。大脳新皮質で理解しようとするんです。この作家は何を言いたいのか？　とか何に苦悩しているのか？　とか。でも認知症の人たちは大脳辺縁系で捉えるから、意味なんか考えずに身体のおもしろい動きや何か変わったものに反応する。だから難解と言われる現代アートのほうが得意なんです。最近いろいろな動きが出てきて盛んになっている障がい者アートも、大脳新皮質で考えないから素晴らしい作品が生まれてくる。

――オリザさんは障がい者アートとのかかわりも深いですね。

平田　たとえば、最近の大脳生理学の研究で分かってきたのは、赤、青、黄を認識する細胞がそれぞれ別にあるということ。それらを統合する細胞も、また別にある。距離でも一〇〇メートル先のものと一メートル先のものを認識する細胞がある。またそれを統合する細胞がある。

要するに私たちの脳はデジタルで認識してアナログに変換するんです。ところがこの統合や変換の機能が事故で壊れちゃったりすると、距離の認識の場合はすごく大変で一〇〇メートル先の自動車が近寄ってくるのがわからなくて三秒後くらいに急に一メートルのところにいるので危なくて外を歩けない。アナログにする変換機能がないからです。ただし知能はまったく正常ですから、いろいろこの欠落を防ぐ手段を考えて、日常生活を送るようになる。

最近わかってきたのは、色の統合機能のない障がい者の方がいるんです。だから彼らの描く絵はすごく色使いが特殊になります。では、なぜ私たちがそれに感動するかというと、それは、私たちの脳細胞が最初に見ている色だからだと思うんです。それはあまりに刺激の強い色だから、私たち健常者の脳はそれに耐えきれないんだけど、本当は最初に見ているのは彼らと同じ色で、障がい者アートでは、それを見せてもらえる。だから感動するんだろうと思います。

たとえば芸術家の草間彌生さんは、水玉のモチーフで有名ですが、おそらく彼女は本当にものがドットで見えている。世の中が水玉でないと落ち着かないので、すごく大量の丸いシールを持っていて、ホテルとかに泊まると壁にペタペタ貼るんだそうです。そうしないと精神が落ち着かない。ドットで見えているのが平常な状態なんです。

でもそんなふうに世界が見えていたら私たちは大変です。要するに私たち一般市民は本来見えている世界とは別の世界として、微温的なものに変換して世界を認識しながら社会生活や経済生活を営んでいる。

藻谷　なるほど。「確かにこの目で見た」なんて言いますけれども、それは全然確かではないということなのですか。

平田　本当は見えている世界は一人ひとり違うんです。でもそんなことになったら社会が運営できないから、文字通り「丸く収める」。でもね、そこには必ず、隠されている、見て見ないふりをしている、そういったものがあるはずなんです。そういう人間にとっての本質的なものを、障がい者アートや認知症の人が見せてくれているわけです。

藻谷　草間彌生さんの作品はものすごく普遍性がありますが、あれは一種の障がい者アートだったんですね。

平田　彼女は実際に病院と行ったり来たりの人生でしたからね。

藻谷　昨年ウクライナのキエフの町に行ってみたら、あちこちの電柱に、何やらアバンギャルドなポスターが貼ってある。よく見たら草間彌生さんの回顧展のものでした。彼女の作品は、ユニバーサルに心の奥に訴える力を持っているんでしょうね。

平田　だから日本人だけじゃなくて、世界人類がもともとああいうふうに世界を見ていたということなんでしょう。人類の脳は、本来、あのように世界を知覚している。

日本ダメ論とリセット願望

藻谷　古くは浮世絵から、今のマンガや現代アートまで、日本のソフト発信力は綿々と衰えていない。ですが日本には「ダメだな俺たち」とかいって酒を飲む、昭和演歌の世界みたいな人たちが満ちていて、「日本は衰えている、世界から馬鹿にされている」というような自虐意識を抱き、それゆえに周辺アジア諸国などに対して虚勢を張ったりしています。彼らは自分の足で今の海外を歩いていないのだろうし、外国語でのコミュニケーションに慣れていないので、行っても向こうがこっちをどう思っているのかわからないのでしょう。

なんてことをいくら私が上から目線で語っても、嫌がられるだけで何の好転ももたらさない。「下山だの高原遊歩ではだめで、次の峰を目指すべきなのだ」という強迫観念に縛られている人には、まあほめてあげて癒していくことが大切だと。

平田　そう。あと同じ下り坂でもゆっくり降りることが大切なんです。このままでは急坂で転げ落ちちゃいますから。ゆっくり降りるという選択肢があるということを示していかなければならない。

藻谷　「転げ落ちるのではなく、ゆっくり降りるという選択肢がある」というのは、重要な認識ですよね。どうも日本には、「どうせ駄目なら、ここで一度ご破算にしてしまえ」というような、いっそ転げ落ちる方が好き、というムードがあるじゃないですか。これまた、○×式思考をお受験で植え付けられた人が多いせいかもしれません。

昔「俺は返せないほどの借金をしていることが、活動の原動力だ」というタレントがいましたが、借金って返せない時には他人にも迷惑をかけるんですよね。日銀が五〇〇兆円以上の国債を買いこんでいる日本は、国全体がこのタレントになったようなものです。ですが借金を増やしすぎて金利が上がってインフレになれば、若い世代はまた一から稼げばいいんですが、国民の三割近い年金生活者は困るだけです。自棄にならず、根気よく粘り強く、ゆっくり下って行かないと。

平田　あらゆる階層にそれはあると思うんですね。貧困層の中にも戦争を待望するような論調もありますからね。日本社会のリセット論ですね。

藻谷　一九七九年、私が中学校三年生の時にガンダムの最初のシリーズが始まって、熱心な友人に誘われて映画第一作を見に行きました。「戦いの中でしか覚醒しない力もある」とかなんとかいって、宇宙戦争に巻き込まれた少年少女の中に超能力に目覚めた新世代

（ニュータイプ）が登場してくるのを描くアニメです。ですが、シャア（※主要な敵役）がいきなり冒頭で、人が大量に住んでいる宇宙コロニーを破壊し全員虐殺してしまうのを見て、私はたいへん不快になりました。主人公もシャアもニュータイプなのですが、殺された人たちからすれば、「お前らニュータイプの自己啓発のために、何万人もの命を犠牲にする必要がどこにあろうか」ということなんですね。「そんなことをするくらいなら覚醒せずに寝てろ」ということです。

この矛盾は、制作側も当然に感じていたのでしょう。覚醒したはずのニュータイプたちも、不毛な戦争の中で続々命を落としていく展開になる。誰が勝者ともいえない中、ただただ大量に人が死んでいく話になって行きました。そうしたストーリーが若者に熱狂的に受け入れられる当時の世相を今振り返れば、そこには強いリセット願望があったと思います。

九〇年代のドラゴンボールになると、ユーモラスな設定ではあるのですが、実際に何度も世界がリセットされる話になっています。しまいにはリセットしすぎて、リセットのツール（ドラゴンボール）自体が機能しなくなってもう大変、というような展開でした。これは団塊ジュニアを中心に大ヒットしたばかりか、アメリカでも空前のブームになります。

平田　トランプと一緒ですね。彼は明らかに、これまでのアメリカの民主主義の蓄積をリセットしようとしていますからね。逆に言えばそういうリセット願望に巻き込まれないことも大切で、私はおつきあいのある自治体には、日本はどうなっても豊岡だけは生き残る政策を考えましょうとか、奈義町だけは生き残る政策にしましょうと常に言っています。

フェイクニュース

平田　トランプの登場で出てきたフェイクニュースというのもありますね。言論の自由の最大の敵です。日本は先進国ではもっとも演劇教育が少ない、ほとんど皆無の国なんです。私はだから日本人は騙されやすいと思っている。騙した経験がないから騙されやすいんです（笑）。

フィンランドでは小学校三年生の国語教科書に、長文を読ませて、そのあとに、「今日の話の中でこの男の子が大げさに言っている部分と嘘の部分はどこでしょう。色分けしてみましょう」っていう問題がある。この教科書は翻訳されて日本でも売っていますが、これを読んだときに、私も子どものころにこんな教育を受けたかったなと切実に思った。なぜなら私は子どものころから「嘘つき」って言われていましたからね。私自身は人を楽しませるために大げさに言っているだけだったんだけど。ここで大切なのは色分けして、そこに正解があるわけじゃなくて、導きたいのは「人によって大げさと感じる部分と嘘と感じる部分が違いますよ」ということなんです。それがこの授業の眼目なんです。こんなことを、小学校三年生で教える。

藻谷　素晴しい。それってフィンランドならではですね。フィンランドの歴史を見ると、アジア系の言葉を話す民族なのに二〇世紀冒頭までスウェーデンの一部とされ続け、独立間もない第二次世界大戦時は、全然ドイツの味方ではないのにロシアに侵略されて枢軸国側にされてしまい、戦後処理でかなりの領土を取られ、と大変な目に合っています。威張っても勝てないけれど、決して屈しはしない。複雑で多面的な現実をかみしめ、冷静に対処するという挙動が身についているのでしょう。

フィンランドを代表する世界的な人気キャラと言えばムーミンですが、その作者のトーベ・ヤンソンはスウェーデン語を使う国内少数派で、ムーミンもスウェーデン語で書かれています。「単一民族」と虚勢を張る日本人には考えられない状況ですが、そういう多様なものを受け入れ、活かせるものは活かす伝統が、彼らの存続を支えて来たのでしょう。

平田　人口も五五〇万人くらいしかいなくて、土地も貧しいのでこれ以上人口が増えるのは無理。地方に行くと一つの村が四〇〇人とかせいぜい一〇〇〇人単位なので、それでどうにかやっていかないといけない。そういう国からノキアのようなグローバルな企業が出てくるからおもしろいんです。

藻谷　フィンランドは、大学教育まで平等に無償化していますよね。

平田　教育のことで言えば、やはり若い国は改革が早いですね。フィンランドとか韓国とか。これは既得権益が少ないからです。私は教科書をつくる仕事もしていますが、教科書って実は検定よりも採択が大きな問題なんです。採択は最終的には教育委員会の権限なんですが、そこでベテランの先生が教育長になっているからややこしい。各地に「ごんぎつね」一筋三〇年みたいな先生がいるんです。そうなると「ごんぎつね」は外せない。新しく子どもたちに与えたいコンテンツはたくさんあるんですが、改革は遅れます。

日本にはまさに見えない既得権益がたくさんあって、伝統はあるけれどイノベーションは起こりにくい構造になっています。

受験戦争の弊害

平田　それともう一つ、「これから成長する若い人たちに、日本経済が成長しないなんて言うのは失礼だ」と言われることもあります。いまの若い人たちの可能性を否定しているように聞こえるんでしょう。大事なことなので、三度、繰り返しになりますが、そういう話じゃなくて、私は経済とか社会構造の話をしているんで、現実の部分と、じゃあどうしようという部分と、こうありたいという理想の部分は分けて考えよう。まずは現実を捉えることからやって、それからどうしようかと考えたいということなんです。

で、その視点が客観的でないと、教育とか文化の政策を考えるときに危ういものになる。

藻谷　感情論と現実論を切り分けられない人が本当に多いですよね。現実の分析や判断の際に、いきなり好き嫌いが入ってきて頭を支配してしまう。

こういう風潮は平家物語の頃からあるわけですが、これまたお受験制度の弊害で、最近ますます強まっているように思うのです。受験勉強というのは、大学受験のみならずいろんな資格試験がさらにそういう傾向ですが、権威が正しいと言っている事項をやみくもに丸暗記する作業になってしまっていますね。その結果、「円周率は三・一四が正しいのであって、三だとか三・一四一五九二では駄目だ」というような、根拠のない思い込みが根付く。大学受験の英語が満点でもまったく英会話ができないなんてことが普通にありますが、そのことに疑問を覚えない。覚えた知識が、客観的な事実認識として再整理されていないのです。

平田　要するに日本の教育の最大の問題は丸暗記力を問う教育だったことです。一五年位前に『分数ができない大学生』（筑摩書店）という本が出て話題になりましたが、厳密に言うと分数のできない大学生ではなく、「分数を忘れた大学生」なんです。だってそれができなかったら進級進学できなかったはずなんで。要するに、今の学校教育のシステムだと、分数は期末試験まで覚えておけばいい。方程式も英単語もピークは高校三年生までで、大学受験が終わったら、忘れてもいいと思っている。

大学に入るとだいたい学力は下がるんです。数学なんかたとえば文学部の学生はほとんど使わないから、将来もう一度必要になる人は学び直さないといけない。社会に必要なものと学校での学びが結びついていないんですね。

でもこのシステムにも理由があって、そこで計られてきたのは「学力」ではなくて従順さと根性なんです。「ここからここまで試験にでるから覚えてこいよ」と先生に言われたら、まずそれを信じないと戦いにならない。それを信じて早く大量に覚えた奴が評価される。その能力が試される試験なんです。完全に丸暗記力の競争ですね。

イノベーションは長期記憶が担う

平田　この前、富山大学の医学部がおもしろいデータを出していました。いろいろな複雑な体験を一遍にさせたマウスのほうがより深い記憶をしている。いろいろな体験を複合的にさせたほうが長期記憶に繋がると言うのです。たとえば英単語だけ、数式だけを集中して覚えた方が、一見効率はいいんですが、それは長期記憶には繋がらない。発想も何も出てこない。本当のイノベーションのような新しい発想は、長期記憶の組み合わせからしか生れないから、複雑な経験を一遍にさせたほうが長期記憶につながる。日本の教育はそこを刺激しないので、イノベーション力も他国からは劣ると言われています。

　確かに高度成長の時代には従順で根性のある産業戦士が大量に必要だったので、そういう教育も国益に適ったわけですが、いまはそんな産業戦士は中国や東南アジアに一〇億人単位でいる。いつまでもそのような教育をしていたら、大量の失業者を出してしまいます。

藻谷　なるほど。丸暗記の問題は、発想を妨げるという問題なのですね。詩歌をたくさん覚えていて折々に場にふさわしいものを口ずさむとか、使い込んだ道具のように過去の哲学者の警句を取り出して考えるとか、そういうのには長期記憶が必要ですが、そこが欠けた人がとても増えています。先ほどの文化と文明の違いのように、丸暗記した豆知識にはあまり普遍性がないけれど、長期記憶された感慨や警句には世界に通じるものがありますから、そっちを鍛えて異文化の中に飛び込んで行かねばなりませんね。

平田　これからは、それをイノベーションと呼ぼうが地域創生と呼ぼうが構わないのですが、とにかく何かの付加価値をつけていくしか日本に生き延びる方法はない。付加価値とは、他者との違いです。それは、長期記憶の組み合わせからしか生まれない。スティーブ・ジョブズが大学を中退してふらふらしていたときに、カリグラフィの授業を受けて文字の美しさに目覚め、それが数年後にＴｒｕｅＴｙｐｅフォントという考えに結びつくといった事態がまさにこれです。

　ジョブズはフォントを考えたいからその授業を受けたわけではなく、複雑なものごとを体験したことから一つのアイディアが浮かんできた。今のアップルのＣＥＯもこれからは

「テクノロジーとリベラルアーツの融合の時代だ」と言っているんですが、いろいろな複合的な経験をしないとそういう新しい発想は出てこない。そういう教育に変えられるかどうかがポイントなんです。問題は藻谷さんが言うように、地方ほど、生産性があがって、しかしその分無駄が許容できなくなっている。イノベーションが本来必要な地方ほど複合的な体験ができなくなっているということですね。

藻谷　地方ほど生産性の上昇が激しいというのは、多くの人が丸暗記している知識には反するけれども事実です。農業なんて一番そうなのですが、高度成長期の前には数十人でやっていたことを、今は効率よく一人でこなせる。工場も同じです。ところが大都市にある得体の知れない各種サービス業は、最後まで非常に効率の悪いことを人数をかけてやっている。やたら内部書類の多い大企業の管理部門も同じですが、そういうのがない地方都市の方が、その分雇用に含みがなく、皆が効率のいい労働に疲弊していて、消費も文化も均一化してきている感じがします。

地方ゆえの本物体験

平田　とはいえ地方でも、一部の町では複合的な本物体験ができているケースもあります。私は一昨日、これまでも何度か話題に出た岡山県奈義町で映画『幕があがる』の上映をして、主演している「ももいろクローバーZ」のメンバー二人にも来てもらったんです。全国からファンが集まる大騒ぎになりましたが、代理店とかを通さずにすべて役場職員で仕切って、午後は子どもたちと一緒にメンバーたちにも子ども歌舞伎を体験してもらった。一学年五〇人しかいない町なのでほぼ全員がももクロと触れ合える。そういう本物体験ができるのは小さな地方都市だからこそですね。

藻谷　ちなみにももクロというのは従来のジャニーズとかＡＫＢとかとは違うものとしてつくられたアイドルですね。パフォーミング集団ですよね。

平田　もともとアイドルがいない女優さん中心の事務所がたまたまグループをつくったら売れちゃったので、直轄の名物マネージャーがいて、その人が全権を握っています。全て現場で判断してくれて、普通だったらファンの撮影は禁止なんですが、「いまここだったら五分だけいいよ」と言ってくれたりする。

藻谷　マニュアル化していないわけですね。それはすごく優秀な人なんでしょうね。

平田　安全だと思うと「客席を一周回って」と言ったり、「ちょっと歌わせていいですか？」なんて言ってきて、契約にない歌を歌ったり。

藻谷　そういう話を聞くと、芸能界もすごく古い体質と言うか人身売買みたいな体質から変わっていくのではないかという、明るい予感がしてきます。

平田　ネット時代ですから、逆に本物とか実物に触れることの価値はものすごく増大している。ももクロはそこをうまく突いたんでしょうね。いたずらに内部での競争をあおったり、無理な拡大路線をとるのではなく、とにかくファンを大事にする。特に小さな子どもたちを大事にするので、家族連れのファンが多いんですね。ライブでもファミリーシートとかがあって家族で楽しめるようになっている。

積極的下層市民

――ここでもう一人、髙坂勝さんをご紹介させてください。髙坂さんは池袋でオーガニック・バーを週に四日経営して、あとの三日は千葉県匝瑳《そうさ》市で半農的な生活を実践されています。自らギアを下げて生きる「ダウンシフト」の提唱者で、サラリーマンとして経済が保障される生活よりも、子育ての時間とか家族の時間とか、安心安全な食べ物を大切にする生活をより重視していて、そのためには退職も辞さずという、「積極的下層市民」のリーダー格です。髙坂さんのバーでは、著書『減速して自由に生きる―ダウンシフターズ』（ちくま文庫）を読んだ人たちがやってきて、地方移住などの夢を熱く語る光景が見られます。

髙坂　お二人のお話を聞いていて、店に来る農機具メーカーの営業マンのお客様を思い出しました。農業人口は毎年一〇％減っていまでは一八〇万人台に入っているというのに、売上は対前年比一〇％伸ばせと言われる。どう考えても無理だと言っていました。藻谷さんは本に書かれていますが、生産労働人口も消費人口も減っているのに経済だけ成長させろというのは無理。私はこの時代には成長よりも持続可能性や循環を考えるべきじゃないかと思っていまして、バーでは絶対に儲けないことをポリシーにしています。自分の望む暮らしに準ずる収入を計算して、それ以上は稼がないという上限を設け、売上アップで疲弊しないように、営業日を減らす。人気メニューでも仕込みに時間がかかるものは減らす。かつて三〇種以上あったお酒も今はより厳選した一五種だけ。ところがそうしていくとお客さんの満足度が逆に増えていく。小さなナリワイというのはお客さんの層を絞った方が安定度が増えますね。

新橋に一日四人しか客を入れない寿司屋があるんですが、その職人もかつては二〇人も三〇人も入る店をやっていて儲かったけれど疲れ果てて、いまは一日四人で一人一万円払ってくれたらそれでいい。2年先まで予約が埋まっているそうです。

大儲けしなくても、下山の時代で経済成長できなくても、別に俺たちは幸せに生きて行ける。そういうことを示したいんです。

いまバーは週に四日間だけ営業して、あとの三日は匝瑳の田んぼで都会からやってきた七五組ほどの人たちに家族が一年に食べる分の米づくりを実践してもらっています。「SOSA Project」というNPO法人をつくって、匝瑳へ移住する人に古民家や田んぼを紹介する活動もしています。食べ物は自分で育てるし、地元の方からのお裾分けもたくさんあります。壊れた古民家はできるところは自分たちで修理します。そうやっているとコミュニティで生きている実感があります。

店のお客さんの中には全国各地に移住した人もいますので、地方移住を希望する人にはそういった先に移住した人をどんどん紹介します。これからは東京の人口を少しでも地方に分散させることが大切だと思っているので、私の活動がその一助になればと思っています。

平田　豊岡市の中貝市長はよく、「下り列車の先に未来がある」と言っています。これまで優秀な人材ほど、すべて上り列車に乗って都会に向かっていましたが、これからは逆になっていきますね。演劇界でも、東京では若い劇団は食っていけない。だからいま、たとえばある町ではアーティスト・イン・レジデンス（※アーティスト滞在型の創作活動）施設をつくって、農園と組み合わせて稽古ができる環境をつくろうというアイディアを進めています。劇団が完全に地方に移住する必要はないけれど、農業を手伝いながら稽古ができればいいかなと。

高坂　田舎に暮らして不思議なのは、山奥の誰も来ないような場所にできた「棚田のカフェ」が成り立っていたりするんです。基本的に家賃がかからないからでしょう。家賃一万円の古民家で整体師をやっている人がいますが、一日二人お客さんが来れば二〇日間稼働で二〇万円になります。空いた時間で米と野菜をつくって、おもしろいことをしているNPOを手伝ったりして、充実した生活を送っていますよ。

藻谷　二〇一五年の完全失業率を比較すると、東京は三・六、これは世界的にみれば非常に低い数字なんですが、北海道の方が三・四と低い。島根になると二・八、和歌山は二・六、福井に至っては一・八。つまり地方の方が失業率は低いんです。これは一般の人がイメージしている「田舎＝仕事がない」とは真逆ですが、ずいぶん前からの事実です。そう言うと「田舎にはいい仕事がない」と返されますが、都会のいい仕事って、たいていは勤務時間が異常に長いブラックなものですよね。人手不足の田舎で、前にもお話しした「複業」をする方が、時間に余裕のある豊かな生活を送れる可能性がある、ということですよね。

髙坂　島根県では三〇代の女性の移住が増えています。移住者の主流はどこかに勤める人たちですが、三、四割くらいは何らかの起業をしていて、夫婦で月に五万円程度の仕事を四つか五つ持っている人たちです。こういった複業を持つ人たちは、同じ地方でも都市部ではなく、むしろ限界集落のような地域に住むことが増えているのですが、豊かな生活はそういった地域でも可能なんですよ。

平田　地方に女性移住者が増えたのは、移住者が素敵な店を開くケースが多いことも理由の一つではないでしょうか。町で窯焼きピザ付きのお洒落なイタリアンレストランを誘致するような所も出てきています。成功しつつある地方には美味しいパン屋、スイーツ、カフェなどがどんどん増えている。そういう店がやってくると地元の素材を使った斬新なメニューを開拓してくれて、それを目当てにさらに若い女性が集まるという好循環が生れます。

先にも紹介したように、奈義町では昔ガソリンスタンドだったところに「仕事スタンド」というものをつくって、町役場などがアウトソースした仕事をそこで町民に紹介しています。子育て中のお母さんがやってきて二時間程度働いていったりする。そういうお母さんたちは社会とかかわるだけでもストレス発散になったりしますし、施設の真ん中には子どもが遊べる空間もある。そういうところがあると女性は精神的にも余裕が出てくる。

Ｔｈｅ消費社会に絡め取られるな

藻谷　高坂さんは著書『次の時代を先に生きる』（ワニブックス）の中で年収は三〇〇万円台と書いていますが、都心で物件を借りていても、田舎にも拠点を持っているので生活は大丈夫なのですよね？

高坂　それは複業というスタイルでいくつかの仕事を掛け持っているからだと思います。

確か一九五〇年代の勤め人の数は一二〇〇万人位だったというデータもあります。いまのサラリーマンの半分以下です。とするとたかだか五〇年前まで、人はいろいろな仕事をして生きていたという証だと思います。一つの会社からだけ給料を貰って生活するということは、専門性を高めるということでもありますが、結局他にはなにもできなくなって、その会社の給料に依存しないといけなくなる。それが「Ｔｈｅ消費者」と言うか、この消費社会に依存しなければ生きていけない大量の人たちを生んでいる原因だと思います。

誰だってどこに暮らしていたって収入は多い方がいいわけですが、地方の人たちは収入が驚くほど低いです。去年奈良と大坂に講演に行った際に県別平均年収を調べたら、奈良で二五〇万円、大阪でも二八〇万円でした。国民平均は高所得の人が引っ張りあげていて四〇〇万円程度って言っているけれど、実際は二〇〇から三〇〇万円ぐらいがボリュームゾーンでしょう。子どものうち六人に一人は親の収入が年間一二〇万円程度と言われています。これは本当に酷い状況です。

ただ、価値観を変えさえすれば、年間一五〇万円も稼げたら立派に生きて行ける自由な生活が地方にはあるんです。私はそういう人を「積極的下層市民」と呼んでいます。好きなことをしてうまいものを食べて自由に田舎で生きて行けるのに、なぜ都会でより高い年収を目指さないといけないのって思うんです。年収競争をする人がいてもいいんだけど、低収入で自分の理想の暮らしを目指して生きていくのも悪くないんです。お金の代わりに自由な時間が増え、かかわるコミュニティが増え、自然もよみがえって、子どもはのびのび育てられる。そういう生活を積極的に選ぶ人がかなり増えているというのが私の実感です。

そういうことを語るうえで価値観を変えた人の収入が見えないと読む人は不安だろうと思って、『減速して自由に生きる』や『次の時代を、先に生きる。』の中であえて生き方を変えた人の収入や出費も書きました。

一方、全員で下山しましょうというのも強制するようで嫌なんです。上り坂を目指す人がいてもいいし、下り坂を生きる人がいてもいい。人生の折々でその都度、上りか下りを選んでもいい。農的暮らしで二〇〇万円弱の年収で三人の子どもを大学に行かせている人もいます。不登校の子どもに家で勉強を教えている人もいます。その中から成人して活躍しているケースも多々生まれています。そういう多様な生き方が可能なんです。

藻谷　実にその通りで、「経済成長できないと日本はおしまいだ」と悲観している人は、先祖の培った非常に豊かな農と食の基盤を持つ地方の可能性を、あまりにも知らないですね。

自己決定力を身につけろ

平田　経済成長も幻想ですが、さらに地方ほど高校進学や就職の段階で普通科信仰、正社員信仰というのがあって、それがまさに現実なんです。私は教育と文化政策で自治体と関わるので、これまでも繰り返し自己決定力の重要性を説いてきました。

たとえば奈義町の場合、隣の津山市にしか高校がない。普通科の津山高校と津山商業高校では、商業高校のほうが改革が進んでいます。商業はもともと課題解決型授業が多くて縛りが緩いんです。いい校長先生が来ると、アクティブラーニングのような新しい教え方もすぐ導入できます。地元のお菓子屋さんと地域の果物を使った新しいスイーツを開発するといった、独自の授業を始めています。

で、いまは普通にそういう授業をやっていると、岡山大学のＡＯ入試に受かったりします。国立大学でも商業高校から入れるんです。ところが中学の段階で親や教師に理解がなく、本人にも自己決定力がないと、ぎりぎりで津山高校に合格して途中で退学——なんてこともある。確かに最初から京大や阪大を狙うという子だったら津山高校に行かないと無理なんですが、そうでない場合は、商業高校に行った方がいい子もたくさんいる。進学においても、自分で選ぶ「自己決定力」がポイントになるんです。

奈義町の場合は高校がないから、一五歳までにこの能力を身につけさせないといけない。豊岡の場合は大学が少ないから、一八歳までにこの能力をつけさせないといけない。東京や大阪に出て行くのか、それとも地元に残るのか。前にお話ししたように「憧れだけでは東京には出さない」というのが豊岡の教育方針です。自分で判断する能力をつけさせるというのが、いまの地方の教育の最大の役割だと思っています。

——そう考えると東京の子は、自己決定しないで偏差値輪切りで高校に行く。地域の課題なんか全く考えずに受験勉強だけしている。将来東京に住んで働くことは自明だと思っている。だから自己決定力なんて磨きようもないですね。

藻谷　自分の子供に対しては、自分で判断して自力で飯だけは食え。何とか自立しろ。普通の人なりにちゃんと稼いで自己決定しなさい。ということ以上に、教えることはないと思うのです。

平田　東京のブラック企業に入った地方出身者が、マンションの一室に四人が二段ベッドで暮らしているといった例もあります。明らかにプチ洗脳されていて、自己決定力というか生活に対する判断力がなくなっている。給料は確かに二〇万とか二五万とか出てるわけですが、家賃や光熱費、食費などを引かれて手取りが一〇万円。そのうち七万円を仕送りしているという人もいる。これでは生活できないでしょう。それでも「田舎に帰ると仕事がない」と思い込んでいる。判断力がなくなっているわけです。

確かに地方では月給二五万円の仕事はなかなか見つからないし、自分で複数の仕事を見つけて、頭を使って生きていかなければならない。しかし、そういう生き方は、学校では教えてくれないんです。

就職能力より転職能力

平田　これも前にも述べましたが、私は最近いろいろな大学で「就職する能力よりも転職する能力が大切だ」と言っています。一発の採用試験でいい企業にめぐり合えるなんてまぐれなので、入ってしまったブラック企業から逃げる力だとか、色々な仕事を自分で組み立てて複業していく力、そういう力のほうが大切です。でも大学では全然そういうことを教えていない。大学のやっているキャリア教育って大抵がナンセンスなもので、ある企業から人事採用担当者がやってきて、学生たちにすごく説教をするんです。それで夢を持たせるとか言うんだけど、夢の先がその企業への就職ですからね。何が夢なのかもよくわからない。一年生から就業意識を持たせるなどと言って、そんなことをやるもんだから、みんな白けて授業を受けていますね。

髙坂　いつでもどこにいってもブラック企業はあるわけで、それに対抗する自己決定力というのは子どものころから養っておかないといけませんね。日本の大学は「大企業就職マシン教育」ですからね。自分は雇われて企業からお金を貰うしか生きる道はない、自分は一人では何もできないなんて思い込まされている洗脳を解いてあげないといけない。

藻谷　まるでDV亭主に絡め捕られている女性みたいな感じですよね。お前はどうせ俺がいないと駄目なんだと思い込まされている。

髙坂　DV亭主や雇われることから少しでも解放されるための選択肢が広がっています。私の友人の中島明さんは豊島区で、女性たちが小さなナリワイを興すよう背中を押すことを、「つなぐ専門家」という自分の仕事にしています。同じく、友人の矢口真紀さんは埼玉県北葛飾郡で「わたしたちの月三万円ビジネス」なる活動を仕事の一つにしていて、お母さんたちの起業を促しています。普通起業と言うと自分が生活する分として月に二〇万円から三〇万円くらいは最低でも稼ぐイメージがあると思いますが、ナリワイ起業は複業が前提ですから、空いている時間にアクセサリーをつくるとか、買い物難民の高齢者のお手伝いをするとか、月にほんの二、三万円の稼ぎでもいいんです。人の役に立っている、喜んでもらえたという実感があれば、それでいいじゃんと。そういう考え方を広めていければ、意外に多くの人が「雇われる」「依存する」ことから解放されるでしょう。それが私の言う「ダウンシフト」です。

藻谷　最近の若い人は「私は特に好きなことはありません、何かのスキルもありません」と言い出しそうですね。

髙坂　私は自分がスキルのない人でいいと思っているんです。うちの店に来て料理が美味しいといってくれる人がいますが、私は自分のことを料理人とは言いません。ただ無農薬の素材と本物の伝統製法に則った、自家製のお醤油とお味噌を使っているので、それで美味しいといってくださっていると思っています。スーパーの醤油を使って同じ調理法で料理をつくっても、美味しいとは言ってもらえないでしょう。

だから一つひとつ手作りしたり、本物の素材を使うようにすれば、完璧なスキルを持つ必要はないのだと思います。そう考えれば、誰にでも、どんな分野でも、手が届く可能性があると思うのです。

四章

おもしろい生き方ができる、おもしろい国

なぜ就職しなければならないのか？

平田　ちょうどいま、私が主宰している演劇の私塾の生徒募集をしていまして、昨日から試験が始まったんですが、募集二〇人のところに希望者が二〇〇人来てくれました。それがみな高学歴で、東大や京大、阪大なんてところからも来ているんです。

藻谷　それは「忍耐力はお墨付き！」みたいな若者たちですね（笑）

平田　すごい高確率ですよね。自分でも、うちはどこの大企業だよって思うのですが、それくらい若者たちの就職事情が変わってきている。かつてならみんな大企業に向かったんでしょうが、いまはとにかく、やりたいことをやりたい。一方で演劇をやっていても昔ほど食えないということはなくて、いまは一定の技術を身につければ演劇を教える場所もある。しかも地方ほど演劇がらみの仕事があるんです。

前に述べた認知症の介護に演劇を取り入れている私の教え子の菅原君は、岡山県奈義町で劇団を立ち上げて公演したり、介護する側の人を対象にワークショップをしたりして、結構有名にもなっています。

藻谷　確かに、演劇人たちを福祉分野が使い出したら、際限なく仕事はありますね。

平田　そうなんです。演劇は教育や福祉と結びつくと色々な可能性があるし、そこでなら食って行ける。トーナメントプロは無理でも、レッスンプロなら生きていける。ただしそういうノウハウを身につけるための教育機関は、現状ではうちの私塾など、数えるほどしかないので、多くの若者たちがやってくるというわけです。

藻谷　そうか、それで東大、京大、神戸大なんて若者がやってくるわけですね。でも小池なんたら塾に並ぶよりはいいかもしれません（笑）。

平田　この前おもしろいことがありました。私が学長特別補佐を務める香川県善通寺の四国学院大学で、フランス人の演出家が来て、学長と三人で食事をしたんです。その演出家が「ここの子たちは卒業しても就職できないんでしょ？」と聞いてきました。日本は演劇では就職できないということは聞いていたんでしょうし、フランスはもともと失業率が高いですからね。ところが学長が「いいえ、東京に行かなければ一〇〇％就職できます」と言ったら驚いちゃって。東京に行くからダメなんです。東京に行かなければ食って行けるのに。ま、でも一度は行きたいのだろうから、私も反対はしませんが。

四国学院大学の教育方針は、できることなら、卒業した後も、アマチュアだろうがプロだろうが四国で演劇を生かして生活をしていくことなんです。最初の年のトップの子の就職先は葬儀屋さんでした。

藻谷　なるほど、それはまさに演劇的仕事への就職ですね。その場でのご遺族の気持ちにさっとシンクロし、作為なく厳かに式を取り運ぶには、演劇の素養こそ不可欠です。

平田　そう、正直に言って最初はなんだ葬儀屋さんかと思ったんだけど、会社はすごく喜んでくれているようだし、本人が幸せならそれでいいと思ってます。

髙坂　常々思うのですが、なんで就職しないといけないのでしょうか？　東京では就職が難しいと言われていましたが、就職だけが選択肢なんでしょうか？　最近うちの店に来る学生の中には、卒業したら田舎に帰って、農業やってるおじいちゃんを手伝いたい、おじいちゃんの作物を都会で売る仕事をしたい、地方に行って町おこしをやりたい、田舎の町で小さなパン屋をやりたいというような若者がたくさん来ます。ところが彼らがそう言うと、親や教師が怒るんです。お前の教育費にこんなにかけたのになぜ農業なんだ？　なぜ地方に行くんだ？　と言って。もっとまともな仕事をしなさいと言ったりする。それが学生たちのストレスなんですよ。いまは想いが強い子ほど社会貢献したいと思ってますから。ありがとうと言われることに飢えている。社会人になって転職したいと思ってる若者も同じですよ。ところが大人の社会がそれを拒んで古い価値観を強要するから、若者たちがすごく悩むんです。大人こそ改心しないと、若者たちが自由になれないと思います。

藻谷　いまの髙坂さんの話を聞いて何が嬉しいって、意見の合う人がどんどん増えているということです。私は五三歳なんですが、小学生の頃から心底、会社や役所といった組織に就職したくなかったんです。「何で人生の大半を職場で過ごさなければならないのか？」と。「夢は○○で働くことです」なんて、律令時代に生まれて「奈良の都に租庸調を届けるのが夢」と語る農民みたいですよね。そんなことにどうして意欲を燃やせるのかがわからなかった。ところがさんざん悩んだ挙句、「いったんは就職すべし」と覚悟して、それでたまたまいい会社を見つけて、役に立つことは勉強できるし外国には行けるし、さんざん美味い汁を吸ったのですが（笑）。とはいえそのままそこにいれば、結局はただの社畜になってしまったことでしょう。しかも万事おおらかだった当時と違って、いまでは社内の管理はガチガチになりました。もしいま私が若者なら、会社に入るステップは飛ばすでしょうね。

髙坂　そうそう、本当にその通りですよ。

藻谷　正確に言うと、就職して会社の儲けのために働いてもいいんだけど、その仕事が同時に社会のためにもなっているのか？　自分がかかわることで何か結果が変わるようなものになっているのか？　ということが大事でしょう。営業職で農機具を売るということであれば、過当競争でデフレを招くだけだし、自分が辞めても誰かが同じことをするだけです。

高坂　たいていの場合、お客さんを誤魔化すらしいんです。壊れた部品を交換すれば数万円の修理費で済むのに、部品がもうないと言って数百万もする新しい機械を買わせるとか。

藻谷　私もＩＴ業界のそういうやり方の犠牲者です。訳の分からないアップグレードで、使い込んだＸＰが使えなくなって、仕方なく新しいＯＳにしたら滅茶苦茶使い勝手が悪くなっている。過去のファイルを呼び出すとバラバラに壊れて出てきたりする。セキュリティだけ更新してくれればいいのであって、ソフトのインターフェースを変えろなんて誰も要求していない。少なくとも元のままの使い勝手を維持できる機能は作るべきだ。それをやらないのは、自分たちの売り上げを増やしたいから、ただそれだけですよね。

評価の奴隷

平田　最近教育界では再び「村を捨てる教育、村を育てる教育」という言葉が語られています。これを言い出したのは昭和三〇年代に教師だった東井義雄さんという方で、生まれ育った村を愛し、育てる主体性を持った学力の向上を提唱されました。実はこの東井先生は、いまは豊岡市と合併した旧但東町が最初の赴任地だったのですね。豊岡市で、教育や文化を中心にした地方創生の政策が受け入れられやすかったのには、そういった背景もあると思います。

私は最近グローバルコミュニケーション教育と呼ばれているものは「国を捨てる教育」じゃないかと考えています。あんな教育をしていたら優秀な子供達はどんどん外に出て行ってしまうだけで、しかも出て行く先はせいぜいユニクロのシンガポール支店長くらいなものです。獲得目標も低い。

いまのグローバル教育は、ユニクロシンガポール支店の支店長を一人作るために残り三九人を犠牲にしているような教育です。仮にスティーブ・ジョブズを一人作るために他の三九人を犠牲にするなら（そんな教育はあり得ないのですが）、理論的にはいいと思います。だけどいまの日本のグローバル教育は獲得目標があまりに低くて非効率です。

もともと海外を志向する人は、自分で勉強すればいい。それよりも初等中等教育は、町や村のための教育に変えて行かないといけない。英語を小学校で教えるなら、それは海外に出て行くためではなく、町や村を国際化していくために教えなければならない。

初等中等教育は徐々に変わりつつはあるのですが、実は県立高校がネックになっている。県立高校はどうしても地元の国立大学に何人入れるかが勝負になっているでしょう。その数で教員の評価も決まるから。たとえば岡山県のある高校では、岡山大学に一〇〇人入れられたら学年主任は評価されるとか、いまだにそれを基準にものを考えている。要するに明治の時代に制度設計された「国家のための教育」のままなのですね。そういう古い概念を変えないと、子供たちが誇りを持って村に帰る教育にはならないと思います。

藻谷　学歴だの学校名だのに無関係に、圧倒的に個人差の方が大きい時代に、何をやっているのでしょうか。東証マザーズ上場企業（成長に成功した新興ベンチャー企業）の社長の学歴で一番多いのは、高卒（大学中退）だと聞きます。いまどき学歴で人を判断して、卑屈になったり威張ったりするなんて、みっともないったらありゃしない。

髙坂　自己肯定感を育てられてきていないんですよ。親、教師、会社からの評価しか信じていない。自分を主張できない社会になっている。自分はこういう考えで、人と違っていてもいいじゃないかという、自己肯定感を取り戻さないといけないと思います。人からどう見られているかだけを気にして生きている。それで給料が決まる。自分もサラリーマンの時そうでしたが、これはすごいいびつな社会です。

藻谷　学校の先生は評価なんて気にしなくていいんです、本来。何人国立大学に入れたかよりも、六〇歳になっても教え子が会いに来てくれることの方が凄いことなんだから。

平田　日本の教育システムは、いまも学ぶ子供の立場で作られてはいなくて、教える側の教えやすいようなシステムになっています。これにも理由があって、明治期にとにかく全国一律に教育水準をあげないといけなかったから、ものすごく効率よく、全国一律で完璧に教えるシステムを作ったんですね。師範学校のシステムなどもすべてそうです。だからとてもよくできているシステムです。日本人は、こういったことはとてもうまい。

いま、多くの発展途上国も皆日本のシステムを真似しています。日本礼賛本では、「だから日本スゴイ！」ってことになるわけですが、逆の見方をすれば、日本の教育システムはいまも発展途上国段階でとどまっているということですね。

国家の成熟がある段階に来ると、単純な近代国家の生成モデルが機能しなくなる。成熟社会になると今度は多様性が必要になるから、全国一律とか、教え漏れの少ない歩留まりの高い教育システムが、かえって邪魔になる。しかし日本の場合には、あまりに完璧なシステムのために、それを壊せない。既得権益が壊せない。結果として、成長段階なら成長の中で担保されていた多様性も失い、いたずらに他人の評価だけを気にする人がたくさん出てきてしまうんです。

藻谷　一斉に質を上げるため、各人が「評価を上げるぞ！」という目標を等しく持つように、日本人を躾けたんでしょうね。その結果、学校を卒業しても職場で、職場を離れて自分の時間になったときでもネット上で、他人の評価を気にする人が増えている。「いいね」の数だの、星の数を競うのはまさにそれです。

ですが多数決の結果と真実が一致することはめったにありません。料理の味が典型だけど、食べログの星の数だとか、店の外に並んでいる列の長さだとかが、味に見合っているというのは見たことがないのです。観客が少なくても、視聴率が低くても、いいものはいい。ものの価値は民主主義では決まりませんよ。

学力も同じで、会って話せば、「あ、この人は頭の回転が速いな」とか、「考えが深いな」

とかすぐ分かる。一緒に仕事をすれば、現場対応力の程度や向き不向きも歴然と分かります。その際に学歴なんて確認はしません。そんな情報を評価軸に使うと、かえって判断を誤って効率が落ちます。学歴を聞くのは、自分の方の判断能力の欠如の証明のようなものです。

――髙坂さんの周囲で田舎に行った人は、評価の奴隷から逃げ切っていますか？

髙坂　中には逃げきれない人もいます。でも、大抵の人は田舎への憧れだけではなくて、自分がそこに行って何ができるか、何かしら問題意識を持っている。私はそれを「ガイアの意識」と呼んでいますが、この地球で人間が行き続けることが持続不可能になってきているのに対して、自分が地べたにしっかり立って、微力でも何かやるぞという意識を持っている。現場であくせくしながら課題を乗り越えてゆく中で、揉まれながら変わっていきますね。

マインドケアの大切さ

平田　マインドの問題はやはり大きくて、経済学者や霞が関の人たちは東京で暮らしているから、製造業が先細りなら人が足りない介護に人材をシフトすればいいと考える。しかし、二〇年も三〇年もずっとネジを回してきて、それが国の産業を支えてきたと誇りを持っている人が、明日からおじいちゃんのお尻を拭くのはとても大変なことなんですね。デンマークとか北欧の国は、失業保険の受給期間が二年、三年と長くて、その間に実際に演劇のワークショップを受けたり、ダンスや農業体験もさせる。あるいはボランティア活動も経験してもらう。要するに人の役に立つ、直接人を喜ばせたり人の笑顔が見られる体験をさせて、こういう仕事も素晴らしいよと納得させるんです。日本のように就労支援でパソコンを身につけさせるのは、受刑者に職業訓練しているのと同じで、やらされていることでしかない。本当にマインドのケアが遅れていますね。

藻谷　なるほど、演劇経験は、お客さんの存在というものに気づかせてくれるマインドケアでもあるんですね。

平田　私がよく例に出すのは『フラガール』という映画です。富司純子さん演じる主人公のお母さんが、「いままでは石炭を掘るのがお国のためと思ってきたけど、これからは人を喜ばせるのも大事な仕事になるかもしれないね」といった内容の素晴らしいセリフを言うんです。子供のうちから演劇でもダンスでも音楽でもボランティアでも、そういう目の前の人を喜ばせることを体験させるのはすごく大事ですね。

藻谷　そうなんです。誰か特定の人を喜ばせることと、単線的な定量評価は相容れないじゃないですか。ネジを回しているのと畑を耕しているのと演劇をやっているのとどれが偉いって、順番はつかないでしょう、士農工商の世界じゃないんだから。全然評価の軸を定めようがない。だから「それぞれやってくれ、みんな違ってみんないい」という見方が本来でしょう。

髙坂　最近、店に来てくれたお客さんから聞いたんですが、テレビドラマの『北の国から』の中で、田中邦衛さん扮する主人公の黒板五郎がこう言うんです。「俺はありがとうが聞こえる声の範囲で仕事がしたい」って。あの時代、一九八〇年代に脚本を書いた倉本聰さんがそれを書いていたことに改めて感動したんですけれど、やはりありがとうが聞こえる範囲で仕事ができれば、どんな仕事でも素晴らしいことだと思います。

「落ちこぼれ」に依存する教育

——(参加者) 仕事で本を作っています。お母さんのための本作りをずっとやってきました。自分でも子育てをしながらやっぱり教育の問題に行き当たって、いろんな疑問を抱えながら子育てをしてきました。中学受験をさせた体験から、これってなんだったんだろうという疑問が生まれ、それから出版の世界に入り、次の世代の人たちに何を伝えていけばいいのかを考えつつ仕事をしています。学校教育って矛盾がいっぱいあって、親も矛盾を感じながら子供を育てている。うすうす分かっていても、それに代わる何かを自信を持って言えない。そういう大きな矛盾をみんなうすうす気づいているんじゃないでしょうか。

藻谷　学校教育での評価って、つまるところ偏差値、つまり正規分布に基づく相対評価ですよね。できない人との相対的な比較で、優秀な人を決めているわけです。誰か点数の悪い人の存在が、優秀な人の存在の存立条件となってしまっている。誰かが水面下に沈んでくれているおかげで、自分は息ができる立場になるというわけです。これって、正しいですか？

評価の低い人は、自信と意欲を失うだけです。伸ばせるものも伸ばせなくなる。私は高校まで常に体育が二か三で、逆にいまでは日によって一〇キロくらい走る生活をしていますから、学生時代の成績による「お前はダメ」というレッテル貼りがいかにナンセンスか骨身にしみて分かるのですが、学生時代に成績が悪かったばかりに、過度に勉強への自信を失ってしまって、できる努力さえやめてしまった人が、いかに多いことだろうかと思います。

逆に成績のいい人も、本当の価値が自覚できたわけでもなければ、本当の自信を得られたわけでもない。自分より駄目な人を見つけない限り、自己を肯定できないのです。これって、属州から奴隷が供給されないと食べていくことのできなかった古代ローマ市民のようなもので、その運命たるや、他人を見下しながら結局は自らも滅んでいくしかない。

自分の誇りというものが、誰か自分よりダメな人が存在することの反作用としてしか得られない、そんな人間に子どもを教育しないよう、お分かりでしょうが重々お気を付けいただきたいと思うのです。

――（参加者）できあがったシステムの中で、私たちは子どもたちに何を伝えていけばいいのでしょうか。自己決定力を身につけられる社会のために大人は何をして、子どもに何を見せてあげたらいいんでしょうか？

平田　私は徹底的に「本物」を見せるべきだと思っています。奈義町でも豊岡市でもあるいは小豆島町とか、他にお手伝いしている自治体でも大学でも、本物がキーワードになっています。とにかく早いうちから本物に触れさせる。アイドルでも舞台芸術でもとにかく本物に触れさせるんです。たとえば豊岡市は人口八万人ですけど、市役所から南極越冬隊に職員を派遣するっていうような無茶なことをやっていて、子供が昭和基地と交信をしたりもするんです。しかも一旦やりだすと人口が少ないから、多くの子どもたちが直接体験できる。価値観が逆転するんです。つまり人口が少ないというマイナスのカードがプラスのカードに切り替わる。規模が小さい町だから逆にいろんなことができるということに気づく。そういう体験をふんだんにさせて、「奈義町にいたからアイドルと直接交流できたんだ」というような価値観をどんどん植え付けていく。

社会学の世界では、センスやマナーといった身体的文化資本を培うには二〇歳くらいまでに本物に触れさせるしかないと言われています。たとえば骨董品の目利きを育てるには、本物の骨董品のそれもいいものだけを見せ続けるそうなんですね。そうすると偽物を見抜く能力がつく。要するに論理じゃなくセンスだから、小さいうちから本物体験をさせるしかない。味覚なんかもそうですよね。

藻谷　脳のなかでも情動を司る領域を刺激するわけですね。

平田　そう。IQを司る領域ではなくEQ、心の知能指数の領域を刺激するんです。成長の一番大事な時期にIQばっかり鍛えているとEQが弱くなってしまう。そういう人たちがいま、霞が関には一杯いるわけですよ、ＩＱはとても強いけれど逆にＥＱがとても弱い人たちが。ＥＱというのは「自己や他者の感情を知覚し、また自分の感情をコントロールする知能」と定義づけられています。

最近も、御三家の女子校を出て東大に行って官僚から政治家になって、でも自分の感情がコントロールできなくて秘書に暴力を振るった議員さんがいましたね。ああいう人たちが、いまの日本を動かしている。

ＥＱ領域を活性化させるには、本物、いいもの、コンテンポラリーダンスのようなわけの分からないもの、「なんだこれは？」というものを見せることが必要です。あとは人間の運命の不条理にも触れさせる。それは別に芸術だけではなくて、体験教育もそうで、障がい者施設や高齢者施設に連れていって、体が動かなくなっているけれども他のことに価値を見いだして生きようとしている人たちと触れあわせる。あらゆる意味でこういう本物の体験をさせることしか、自己決定力を養う方法はないんです。

優しさとビジネスの掛け合わせ

――（参加者）かつて自動車メーカーの営業をやっていました。お客様と深い関係になれば仕事は楽しかったんですが、注文を頂いて、知らないところで車が出来あがって、自動的に納車予定日が決まってっていう仕事に疑問を感じていました。

「ありがとうが聞こえる範囲」で仕事がしたいと思って、自分が育った町田市のつくし野という町で「移動八百屋」を始めましたが、それだけでは生活ができなくて、ユニクロでも働いています。ユニクロでは、出勤するとその日のスタッフの名前がぱっと貼ってあって、そこに二時間ごとに区切って一五分単位で今日やる業務が書かれているんです。

藻谷　私の仕事と同じですね（笑）。

――（参加者）藻谷さんの仕事と違うのは、一つの作業が終わるたび店長に次の指示をあおぐ必要があるところです。とにかく考える作業をなくして作業を標準化するので、普段八百屋として働いていると逆にユニクロのやり方がおもしろく感じます。

ただ今日の話を聞いていると、ユニクロのやり方には本物がない気がします。どうすればもっと本物を体験して本物になれるんでしょうか？

藻谷　志には頭が下がります。ですが、まず移動八百屋が経営として成り立つようにしないといけないですね。八百屋の品ぞろえと地域のニーズがあってないのかな？

――（参加者）スーパーがない地域を回るので、一般的な野菜をまんべんなく扱ってやっているんですけど、育ててくれたご近所さんにはただであげてしまっているせいもあると思います。

平田　それはだめだ、人が良すぎる（笑）。

藻谷　基本的に人間が金儲けに全く向いてないですね（笑）。

――（参加者）早くぼくの代わりに経営をしてくれる人を見つけて、ぼくがその下で働ければいいと思っているんですが（笑）。

藻谷　金に汚い奴を見つける必要があるということですか（笑）。

平田　もっと地方にいけば、さっきおっしゃられたように物々交換みたいな、あげた代わりにそれを料理してくれるとか、そういうコミュニティがあると思うんですけどね。

藻谷　町田は都会だから、そういうコミュニティは無理なのでしょうか。

髙坂　商売として考えれば、私のバーもそうですけど、八百屋さんから仕入れていると、高坂くん、これ余っちゃったからってミカンをひと箱くれたりする。それはメニューに使って売ってもいいし、サービスで差し上げてもいい。でも自分で原価を払ったものは、ちゃんとビジネスにしていくことが必須です。あとは品揃えをよくするという発想じゃなくて、近所の人が対象だったらあらかじめ「何が欲しいですか?」って聞いて、それだけ仕入れてロスを少なくするとか。その線引きをきちんとしてやれば、「やさしさとビジネス」をうまく繋げられると思うのですが。

フラットな関係を作る

――(参加者)自分にできることは限られているので、いろんな人たち、いろんなものを掛け合わせていく、掛け算が起こっていくといいのかなとなんとなく考えています。いま何十年ぶりに世田谷に戻ってきたので、世田谷のために何か自分ができることがいいなと思って、コミュニティの活動みたいなものにちょっと入っています。そうするといろんなことをやっている素晴らしい人たちがたくさんいる反面、それぞれの分野がすごく蛸壺化して縦割りになっている気がします。そこを変える何かいいアイデアがあったら教えていただきたいです。

藻谷　町田も世田谷も、都会過ぎるところが難しいですね。

――（参加者）都会には地方とはまた違う難しさがあるんですね。ちょっとかき回したぐらいではすぐに分離してしまうドレッシングみたいな感じですね。

結構それぞれが意識を高く持ってやっているので、すぐ自己主張のぶつけあいが始まったりします。表面的には改革を起こしているつもりで一生懸命やっている人たちが、実はそうできていないみたいな、そういう問題によく直面します。みんなが参加して共同して何かつくることがなかなかできていません。

藻谷　オリザさんは各地でワークショップをやっておられますが、どうしても自己主張が先に立って、中身がそれに追いついていない人がいたりしませんか？

平田　私を呼ぶようなところはそんなのはあんまりないんです。もちろん、たまにいますけどね。そこはとりあえずどうにかするんです。ワークショップはそういう問題が起こりにくい社会にしていくための漢方薬みたいなものなので、全然即効性はないんです。だから無理に解決はしないです。むしろ問題が起こる前に、問題を回避するような合意形成能力をつけるためにこそワークショップをやります。どの自治体でもまず最初にいろんな枠組みのワークショップをやって、合意形成しやすい状況をつくるんです。

藻谷　私はおかげ様で、職業柄、全国各地のとんでもなくおもしろい実践者を無数に知っています。そこで、「藻谷さんが知っているおもしろい人をつなぐイベントをやればいいのに」って言われることが昔からあるんですけど、やりません。お互いのバックグラウンドを知らない人間同志が自慢話をしても、何かを生むのは難しいというのが実感なのです。

たとえば田舎でものすごく成功した直売所をやっている人が、町田に行って八百屋づくりの方法を説教して回っても、その通りにはいかないんですよ。逆もまたうまくいかない。素晴しい人が二人いても、この人とこの人をかけ合わせても噛み合わないだろうなっていうことばかりでしてね。だから私はそこにはあまり立ち入らないし、期待もしていません。

高坂　私も藻谷さんと同じで、単に出合わせることには効果が少ないと思ってます。だから活躍している者同士をつなぐことは、双方にメリットがあって互いが望む時しかしない。一方、私のところには悩みを持つ人が多々訪ねてくるので、同じ課題を持っている人をつなぐことはよくあります。次へのステップのために傷を舐め合うことも大切なんですよね。でも出会わせておくだけ。最近勉強会とか交流会とかやると、皆名刺交換がすごいんです。それだけで満足しているだけみたいなことが多くて。だから私は名刺を持たないようにしているんです。

出会いも一緒で、お互いおもしろいことをやっているねとか、悩みが同じですねとか、それだけで何かやりましょうといってても人はなかなか動かないですよ。ただし、そういう薄いつながりでも、何か問題が勃発したときには結構役に立ったりするんです。だからつながりを生む場だけあればいいという考えですね。

平田　名刺交換っていうのは非常に象徴的で、言うなればあれはマウンティングです。あとは日本語の特徴もあって、初対面のときに韓国の方は最初の挨拶のあとすぐに年齢を聞くんです。何年生まれですかって。それは敬語の体系が年齢で決まるので、年齢を聞かないとコミュニケーションが始まらないから。日本語は社会的な関係で敬語が決まるので、たとえば自分より年下でも自分の子供が行っている学校の先生には敬語を使う。だからいっせーのせで最初に名刺を出さないと、相手の社会的な地位が分からない。そこと自分との距離を計らないと喋れない言語体系になっているので、しょうがないところもあるんです。

ただ問題は、一般でもよく言われるように、男性が会社をリタイアした後でも自分のキャリアを地域社会に引きずってしまうことがある。どこどこ企業の部長です、取締役をやっていましたみたいなことで、自分のキャリアと経験だけで話してしまうみたいなことがあるでしょう。地域社会はもっと多様で、企業みたいに単純ではないので、自分のキャリアを引きずるタイプは嫌がられます。企業の人は企業のほうが複雑だと思っているのですが、地域では肩書なんて全く通用しない。名刺を最初に出すっていうのは、企業社会をどこにでも引きずりこんじゃうっていうことなんですね。

そういう意味では先ほど出たワークショップなんかは参加者がフラットになるので、活用できます。私はよく企業内のコミュニティづくりはどうすればいいですかって聞かれるんですけど、勧めるのはバーベキューパーティとか一旦関係をフラットにすることを試してみる。要するに仕事以外のことをやることですね。アメリカなんかだと、もともと多民族国家だから、そういうのがうまくできているのですが。すぐに目的に向かうんじゃなくて、それまでのキャリアがあんまり関係ないことをやる。たとえばバーベキューでも、材料の買い物のうまい人、荷物をちゃんと運べる人、野菜や肉を切るのが得意な人、焼くのが上手な人、ひたすらばくばく食う人、皿洗いが丁寧な人などいろんな人が出てくるし、そういった作業を通じてその人の別の特性が見出せるので、関係づくりには最適です。即興的に演劇をつくるのもいいんですけど。

藻谷　そういわれれば、田舎の人はやっていますよね、バーベキュー。バーベキュー奉行がいますね（笑）。東京はバーベキューできる場所自体が隣近所にありません。

平田　バーベキューでなくても、先に触れたように小豆島町の町役場は、入所三年目までの職員は町民劇に出ないといけない決まりがあります。一緒にお芝居を作る体験が町民とのフラットな関係作りにすごく役立つからです。

藻谷　世田谷は専門能力がある人があまりにも多すぎるから、そこに一切関係ないことをみんなでやるっていうのはいいかもしれませんね。みんなでバーベキューするとか、みんなで雑巾がけするとか。

平田　もともと地域に残るお祭りにはそういう要素があって、城崎温泉にはお祭りのときだけ別の上下関係があるそうです。老舗旅館の若旦那でもそれに従わなければいけない。そういう日常とは別の上下関係がある。下剋上みたいな話で、その二日間だけ無礼講みたいなのがあって、たぶん昔の地域社会はそういう「非日常性」を用意していたんですね。

上を目指すのはおもしろい生き方か？

――（参加者）物語と演劇活動を軸に子どもたちに英語教育を行う会社にいるのですが、たぶんほとんどの親御さんはまだまだ経済が成長するんだっていう前提で考えているように感じます。そういう親御さんに対して、自己実現や自己決定力が重要だということを理解していただけるようなやさしい言葉をどう発していけばいいのでしょうか？

平田　藻谷さんの方が詳しいですけれど、全国の地方自治体の総合計画をみれば、成長を前提にした計画を立てているところは少ないんじゃないですか？

藻谷　その通りです。むしろ、「人口減でも経済成長」と言っている国の方が時代錯誤です。

平田　データでも確か八割の自治体が、ゼロ成長マイナス成長の中で未来を考えているっていうアンケート結果がありました。

藻谷　そうなってくると普通に教育熱心なお母さんっていうのは、「船が沈む時でも自分の子供は、船体が水面上に出ている、空気のある方にいってほしい」って考えてしまう。

海に飛び込んで生き残る能力を身に付けて欲しいとは、なかなか思わないわけですよね。ですがタイタニックも結局沈んだわけで、本当に重要なのは船を捨てる能力です。

ご質問者は、ラボ教育センターの方ですよね。私も高校までラボに通っていまして、そこでまさに「船を捨てても生き残る力」を身に付けたのです。本当に感謝しています。いくら話が通じなくても、どうか自信をもって活動を続けていただきたい。

平田　でもそれも潮目が少し変わってきていて、二〇二〇年の大学入試改革では協働性とか多様性理解が問われます。従来型の学力に関係ない学びをすることにも説明がつくようになった。ただし二〇二〇年の大学入試改革は、とても中途半端なものに終わることが予想されます。現場は大混乱になって、かつての「ゆとり教育批判」のような揺り戻しも起こるでしょう。ただ、うまく使えば、新しい学びの道が開ける。そういう学びの典型である演劇は、教育としての一番いいところは何かと言えば、役割分担ができるようになるっていうことです。私はよく演劇教育を導入する先生方に「おとなしい子に無理して声を出させないでいいですよ」と言います。おとなしい子は「おとなしい子」っていう役を演じたら一番うまいんです。

いろんな人がいないと演劇はうまくいかない。それはコーラスとかよりもよりいっそう協働性を高める可能性がある。実際に、演劇を教えると、リーダー層の生徒たちも、どうやっておとなしい子をうまく使うかを考えるようになるんです。本当の意味でのリーダーシップを考えるようになるんですね。だって、演劇は全員舞台にあがっちゃいますからね。サッカーとか野球だったら、下手な奴にはボールをさわらせなければいいけど、演劇はそうはいかないので。そこがおもしろいところなんです。

高坂 まだ上り坂を幻想として目指してしまっている大人には、いろいろな人のうしろ姿をたくさん見てほしいですね。たとえばうちの店は一四席で、一日五、六人来ればいいっていう店なんですが、だからこそ、お客さん同士で語らいが始まる。多少でも会話すればお客さん一人ひとりがそれぞれの生き方をしていることが分かる。田舎に移住した奴、ナリワイを起こした奴、ナリワイを起こそうと四苦八苦している奴、まだ全然サラリーマンで移住を妄想しているだけの奴、それぞれの会話が始まってそれぞれに生きている姿が見えるとそれは希望になるんですよ。この前はトヨタに勤めているお客さんが来て、会社をやめて半農半X（※小さな自給と「X」なるナリワイ）で生きていきたいって。その人は七、八〇〇万円の年収があるのにです。そしたらカウンターの隣に、親の介護を抱えている奴がいて、いま無職、匝瑳で私と一緒に田んぼをやっているんです。トヨタの人が半農半Xでやっていけるんでしょうかって言ったら、無職の親二人抱えている奴が、「いや、なんとかなります、米なんか簡単に作れます、なんとか生きていけますよ」って、余裕の笑顔で年収七、八〇〇万円の人に説教している。そういう多様な生き様を実際に見ることは大切じゃないですか？

そういう人が見えてくると、ああこういう生き方っておもしろいって思えてくる。私もサラリーマン時代は、平日昼間に私服を着ている人を見ると、何か怪しいことをしているヤカラではないかと思っていましたが、そういう私服の人のほうが実はおもしろい人生なんじゃないかと思うようになってきました。価値観が一八〇度変わったんです。最近では、スーツ着ている人を見ると、金儲けの奴隷になって何か悪いことを企んでいるヤカラでは！　と思ってしまうほどです（笑）。

平田　ただそれも地方ほどそういうおもしろい人がいなくなりつつある。逆に成功している自治体は居心地がいいからどんどん変な人が集まってくる。多様性にも地域間格差が広がってきています。

誰かを蹴落とさなければ幸せになれないのか?

――(参加者) 市役所で駅前の町づくりを担当しています。かつては組織の中で言われたことをやるタイプだったので、一生懸命やった結果、市民から総スカンを食らうような広場を作ってしまいました。その直後に海外研修でヨーロッパに行って、それぞれがそれぞれの立場で参加するような町づくりに触れて、考え方が根底から揺らぎました。駅前の再開発なんてやっている時代じゃないといまでは思っているのですが、再開発を推進すると言った人が市長になって、混乱に陥っています。

オリザさんがおっしゃったように「ゆっくり下りていく」ことができていない。地方の人たちはいまだに上り列車に乗ることを夢見ている現状がある。そういう地方に向かってどうしたらそろそろ下りていく方向に動機づけしたり、気づきを与えたりできるのでしょうか。上り列車を夢みる人たち自身は困ってなかったりします。課題に気付いていないからこそ厄介です。どうしたらいいのでしょうか。

藻谷 自分は食べられて困ってないくせに、自分のような人生ではいけないと思い込んでいる。駐車場は全然足りているのにつくると言い続ける。本人の中で全く矛盾に気付いていない。むしろ信念になっているんですね。地方にはそういうことがよくありますね。

――（参加者）それをどういう風に動かしていけるのかが問題なんです。

藻谷　私はこれまで全国で五〇〇〇回以上講演してきたのですが、毎日が「分からない人に分かるように伝えるにはどうするか」を探求する戦いであり、「話というのはいかに伝わらないものか」を痛感する敗北でもありました。「こういう風に話すとこう誤解される」っていう経験を積み重ねるためにやってきたようなものです。

その結果分かったことは、話を誤解する人は、さきほどお話ししたような、「船が半分沈んでくれないと自分たちは浮かび上がれない」「誰かを蹴落とさなければ自分たちは食べていけない」という思考構造を、頭の中に強固に据えているということなのです。地方の人でいえば、自分たちは水面下に沈む負け組だと思い込んでいて、でもそこから逃れたいので、自分よりさらに下に沈む人を求めている。再開発だの何だのをすれば、自分だけは上り列車に乗れるのではないかとまだ夢見ている。頭の中身が一九世紀以前のままなのです。

人間は食物連鎖の頂点にいる動物ですから、ライオンなどと同じように、食べ物がなければ飢え死にするしかない。鹿ではないので、天敵に捕食されることで数が減って、生き残った個体は食べ物が足りるようになる、というようなことは期待できません。ところが誰か天才が、農業生産という方法に気づいてしまった。これを始めたおかげで、天候がいい間はどんどん人口が増える。その分、天候不順になると、皆が静かに飢え死にを待つというようなことにはならなくなって、貯めていた食物の奪い合いが始まりました。これが戦争の起源です。過剰に生まれてしまった人間自身が、人間の天敵として振る舞うようになったわけです。

しかるに二〇世紀になって化石燃料の利用が本格化すると、人間は過去四億年分の太陽エネルギーの蓄積を一気に使えるようになりました。それをテコに技術を磨き、今度はいま現在降り注いでいる太陽光や地熱だけで文明が維持できるように、工夫を凝らしつつある。そうしたら、日本を先頭に、戦争でもないのに生まれる子供が減り始めた。この傾向が続けば、地球の生態系の持続可能性は増します。つまり二一世紀の世界は、戦争をしなくても、他人を水面下に蹴落とさなくても、皆が生きていける世界になる可能性が高いのです。

さらには戦後、経済のネットワークがグローバル化する中で、国境を超えた複雑な取引関係が生まれ、経済的な相互確証破壊体制が出来上がりました。大国同士の戦争は、そもそも必要なくなったばかりか、やれば当事者が損をするだけという状況になっているのです。

そのことを何とか皆に気づいてもらえないか、というのが、私のテーマです。これに気付けば、上り列車に乗って蹴落とし合いをした末に子孫が残らないという結果になるよりも、下り列車に乗って自分らしく生きればいいのだとわかる。あなたは蹴落とされたのでもなければ、食べられなくなるわけでもない。充分人間らしく生きられるのだと。

こういう時代感覚がないことって、悲劇です。ヒットラーがまさにそうでした。彼は片やドイツの工業化を進めながら、他方で「充分な農地がなくてはドイツ民族は生き残れない」と、盲信していたのです。そのために、欧州最大の沃土であるウクライナの平原地帯を、そこに住むスラヴ民族を絶滅させることでドイツ人のものにしようと目論みました。戦後の歴史が示すように、工業化するドイツがそのようなことをする必要はまったくなかったのです。ですが頭の中身が、農業しかない時代のままだったので、「誰かを蹴落として彼らから土地を奪わないと、自分たちは生存できない」と思い込んだ。そのうちに、殺戮自体が自己目的になってしまって、膨大な犠牲を出した末に自滅する。

いまの日本にも大量にいますが、「いつ侵略されるかわからない」「競争に勝たなければ明日はない」と思い込む全ての人は、自分の代わりに犠牲になる人間を求めている点で、ヒットラーと大同小異です。そのうちに、自分の成功よりも他人の破滅を求めるようになる運命なのです。そうした運命を逃れる人を増やすには、「皆が食べていける時代が来ている」ということを、特に地方は大丈夫だということを、何とか知ってもらうしかない。

――（参加者）そういう意味では子供の教育以上に、直面した課題に対応するために大人の再教育も必要だということですね。

平田　私はそこはあきらめました（笑）。すでに言いましたけれど、もうセンスのある首長さんを選んでくださいと言うしかない。大人全員を説得するのはとても無理です。そこは藻谷さんに任せて、私は長期戦の教育の方に回ります。これが私と藻谷さんの役割分担です。

でもセンスのいい首長さえ一人いれば、とりあえず小さな自治体は変わり始める可能性はあるんです。その指導者を待つしかないと思います。もちろん、そのあとに続く住民の力も必要です。私も体がいくつもあるわけじゃないから、一点突破するつもりでいくつかの自治体と関わっています。

自己肯定して自己決定していけばいい

平田　その関わった自治体で、先にも言ったとおり「演劇教育をやっている町ほど合計特殊出生率が高い」というシンプルなエビデンスが出れば、全国の自治体で演劇教育をやらざるを得なくなると本気で思っています。そこをがんばりたいと思います。

髙坂　移住してきた人なんて、月収一〇万円程度、あるいは無職なのに子どもを産んでいるんですよ。東京にいたらいくらお金があっても子供を産まないのに、現実はお金だけが問題じゃなくて、お金も大事だけど、それ以外の安心材料があれば子供を産むんですよね。

平田　うちの劇団は、いま四〇人以上子どもがいます。小劇場界というより演劇界全体でも最多だと思います。どう見ても、多くは、統計上は貧困層なんですけど、あまり関係ない。誤解を招きやすいい言い方になりますが、要するにみんなが産めば産むんです。コミュニティがあれば、相互扶助でどうにかなっていくから。うちもベビーカーなんて劇団員同士で三人四人と引き継ぎます。

中堅企業でも、女性社員がすごく産む企業と産まない企業があるそうです。産んで仕事をすることが普通になれば、それを前提にして組織も変わっていきます。

うちの劇団の場合は、九〇年代後半から、「子どもを産んでも女優を続けられる組織」を目指しました。みんな貧乏ですから、何か優遇措置があるということはありません。ただ、そういう意識改革を先行させて、少ないなりにも子育て世代の負担を少なくするシステムを作っていきました。

『下流老人』を書き、最近は若者の貧困問題に取り組んでいる藤田孝典さんと対談をしたときに、「どう見ても貧困層の若者がうちの劇団員たちよりも家賃が高いアパートに住んでいるようにみえるのは何故ですか?」と聞いたんですね。そうしたら、「地方から来てコミュニケーション能力が弱い子たちが不動産屋にだまされて高い物件に住んでいる」って教えてくれました。不動産屋も悪気があるわけじゃないんだろうけど、おとなしい人だと売れ残りの物件を押し付けちゃうんだと思うんです。うちの劇団員とかは社交的で友達関係のネットワークもあるから、一人が結婚して部屋が空くと次の劇団員が受け継いでいくわけです。家賃を二か月くらい滞納しても、逆に大家さんが、「お前演劇やってて大変だなー」って言って果物とか持って来てくれるような部屋もある。だから本当にコミュニケーション能力と自己決定力の差が大きいんですね。地方のおとなしい子ほど、ブラック企業に入って搾取されやすい状態になっている。

藻谷　人口が半減の方向に向かって減っていて、エネルギーと食料が足りる方向に向かっている日本の将来は、本当は明るいわけです。自信を持って、堂々と自己決定をして、コミュニケーションしながら仲間をつくって暮らしていけばいい。そういう展望がないから、都会で無駄な昇進を競う。地方の駅前に、廃墟になるのが必然のビルなんかを建ててしまう。

平田　駅前の再開発で唯一成功しているのは、高校生が電車を待つたまり場になっているところですね。そういう居場所のある町はだいたい活気づいています。だめな町ほど、そういう子たちを排除する。

四〇年、五〇年かけた革命を

藻谷　今回の対談で「下り坂の時代」については言いたいことはだいたい言い尽くしました。最後に言った「他者を蹴落とさないと生き残れないという発想は前世紀の遺物」「東京になりたがるな」ということが本当に一番言いたいことです。日本は山を上ってきて、ちょっと下って楽しい高原で一休みしている状態です。ここでゆっくりして、子どもの減少を止めれば、次の登山もまた楽しくできるでしょう。

平田　教育と文化は未来への投資なので、二〇年、三〇年のスパンで見ていただかないといけないと思います。日本は地の利にすごく恵まれていて、明日すぐに移民や難民が入ってくるような国でもない。これから二〇年、三〇年くらいの期間が、最後の天の恵みのように与えられているのだと思っています。この間に多様性を許容するような社会につくり変えていけば、まだまだ生き延びられる。

繰り返しになりますけれど、課題に気がついた自治体と気がついていない自治体では、十年も経たずに本当に大きな差が出るだろうなと思います。奈義町ではももクロのイベントが終わったすぐ後に、障がいをもった子どものお母さん方との小さな会合がありました。町で障がいをもった子どものお母さんはせいぜい一〇数人しかいないから、全員集まるんです。そこに議員さん、引退した人も含めた保健師さんといったステークホルダーも集まって、今度奈義町にそういう子どもたちの「居場所」をつくろうという話になった。当然知的障がい、精神障がい、それに身体障がいの子どももいるんだけど、機能的にやるよりも全体の居場所を作ろう、そこでみなさんと演劇をやりたい、その次は美術などをやりましょうという声がどんどん出てくる。人を呼ぶ予算なんていうのは実は大した額じゃないから、一流の人を呼んでも十数人の子供たちは全員参加で経験できる。

そういう小さな自治体が実はすごく生き延びやすくなっていて、居場所も作れるし、循環型の社会が作りやすい。もちろん奈義町は自衛隊があって税収が安定していて、それから職員の数も絞っているから財政状況もいい。岡山県内で最も財政状況のいい自治体です。市町村合併を選ばなくてもやっていけた自治体ですから。そういう変われる自治体と変われない自治体があって、変われない自治体は本当にかわいそうです。それでも、奈義町は文化と教育で人口を維持するという大きな目標を掲げたので、こういった成功例を積み上げていくしかない。そういう生きかたを国も学んでほしいと思います。

髙坂　今日はありがとうございました。いまオリザさんがお話されたことに、本当に同感です。それでも社会が変わっていくには五〇年くらいかかる。幕末から明治維新への変革でさえ、一段落するまで二〇年かかっているので。経済成長なんていう幻想を横に置き、ゆっくり下りていく中で社会をどうつくっていくか、ソフトランディングしてみんなが幸せを維持しながら生きていけることがまずは大切だと思います。皆、何となく気づいているけど、実際どうしたらいいか分からない。たくさんの例があっても、見えづらい。オリザさんがやっておられるような成功事例があっても、ひとつひとつが小さいので、マスメディアで取り上げられない。一方でいろんな雑誌を見ても、東京の情報を載せれば売れた時代はもうなくなっていて、地方がおもしろいことはきっとみんなすでに分かっているんです。地方の多様な成功モデルを一括りにするような報道ができないから見えづらいだけで、実際には各地で小さな変革がすでに起こっていて、それが多種多様な形で都市に侵食浸透してゆく感じなんですね、これからの時代の革命は。

成功事例、おもしろい人の事例、おもしろいナリワイの事例、幸せに生きている人の事例、幸せそうな自治体の事例をとにかくたくさん、小さくでいいから「見える化」して、それを探している人たちがそこに触れて、その人たちが実践し、その後ろ姿を子どもたちに見せていく。そういう取り組みが四〇年五〇年かけて続けば、小さい人間たちが大きな社会を変えていくという、おもしろい時代になると思います。

声の大きい人が世界を変えるんじゃなくて、声の小さい人たちが、ちまちまとだけど世界をおもしろく変えていく。畑とかやっていると、茶色い農地にたとえば大豆をまいても、一斉に芽が出るわけじゃない。一粒発芽しただけだと遠くからみたら大地は茶色にしか見えないけど、時期をずらしながら二、三週間して発芽してくると、畑は完全に緑色に移り変わる。そのみずみずしくて美しいことと言ったらない。それがいま起きているダウンシフト革命の姿そのもので、大豆だったら二、三週間の差だろうけど、人間社会は四〇年五〇年かけて社会が変わっていく。大豆が土から芽を出すように、気づいた人から時代の先の下り坂をゆっくり楽しみながら降りていく。一人ひとり少しずつでいいんです。全員が一斉にでなくていいんです。

それでも変革への臨界点が必ず来る。上から目線で成長しろって命令する人に向かって、逆に「あんた、いまだに上目指してるの?、冴えないね～」とか言って、下から目線で言い返せるような時代が来るのも、そう遠くないんじゃないかって思います。みなさんも、一緒に楽しみながらやっていきましょう。ありがとうございました。

あとがき

藻谷浩介

こうして対談の本を出しておいて恐縮なのですが、私は、自分の本を出すということに、本来まったく乗り気にならない人間です。本だけではなく、ブログも、SNSもやりませんし、ネットのコメントも書きません。本業は講演でして、相手が一人でも二人でも全力投球でやりますが、書いたものを残したいという欲求を、強く抱いたことがないのです。

このあたりは、オリザさんたちのようにフィルムにも文章にも残らない演劇を一期一会でやっている人たちと同じ感覚でしょうし、髙坂さんのように、農作物を育てて食べるという永劫の循環に価値を見出す人たちとも、共通のものがあると思います。

ですから、「サンデー毎日の記事として、平田オリザさんと対談する。副産物として対談本も出す」というようなお話をいただいて、「これはまずいな」と直感しました。

しかし、オリザさんへの畏敬の念と、対談のお話を持ちかけてきたライター・神山さんへの親近感から、ついつい軽々しくＹｅｓと言ってしまったのです。神山さんの巧みな設定により、密室での対談ではなく、興味をもって集まった少数の聴衆の前でお話しするという形式を取ったため、講演と同じようなノリで、自分だけにわかる脈絡で、分かりにくいことをペラペラと語ってしまいました。

出来上がって来た原稿を見たら、嫌な予感が当たっていました。オリザさんの話していることは理路整然として、しかも「自己決定力」だの「長期記憶の重要性」だの「演技力を持つことの意味」だの、本当にうなずかされることばかりなのに、私のパートは、同じことをうわごとのように繰り返す、半分呆けた老人の語りのような内容になっていました。そこで、自分は何を意図してしゃべっていたのかがわかるように、また前後の文脈がつながるように、自分の発言内容を再構成したのですが、途中何度も何度も力尽きる羽目になりました。とはいえ最終的には何とか、オリザさんや、途中でご参加いただいた高坂さんの足を引っ張ることなく、現時点で私たちの考えていることを、定性的ではありますが、ヴィヴィッドに反映する本に仕上がったと思います。

本文中でも見得を切っていますが、私は、（本当はあまりやりたくないけれども）情報を文字として遺すのであれば、一〇〇年後に読んでも間違っていない内容、地球人と何一つ利害が一致しない宇宙人が読んでも「客観的で筋が通っている」と言ってもらえる内容にするべく、せいぜい努力すべきであると思っています。

この対談は、現実に目覚めつつも悩んでいる多くの若い人に、楽しく生きる勇気を持ってもらうために刊行するものですが、万が一、一〇〇年後にどこかで誰かの目に留まるようなことがあれば、「一〇〇年前は、今では当たり前のことを指摘するのにもたいへんな労力が必要だったんだ」ということを理解していただける材料になるのではないかと、密かに願っています。

オリザさん、神山さん、実践者として具体的な話を真摯にしてくださった髙坂さん、時間を割いて私の漫談にお付き合いくださった聴衆の皆様に、深い感謝を申し上げます。本当にありがとうございました。

対談構成：神山典士（こうやま・のりお）
1960年埼玉県生まれ。96年、『ライオンの夢　コンデ・コマ＝前田光世伝』で小学館ノンフィクション大賞優秀賞を受賞。2014年、「週刊文春」で作曲家・佐村河内守氏のゴーストライター問題をスクープし、第45回大宅壮一ノンフィクション賞（雑誌部門）を受賞。近著に『成功する里山ビジネス　ダウンシフトという選択』（KADOKAWA）。

平田オリザ

1962年東京都生まれ。劇作家、演出家。劇団「青年団」主宰。国際基督教大在学中に劇団「青年団」を結成。「東京ノート」で岸田國士戯曲賞。鳩山政権で内閣官房参与。大阪大COデザインセンター特任教授。東京藝術大特任教授。著書に『下り坂をそろそろと下る』『幕が上がる』など多数。

藻谷浩介

1964年山口県生まれ。平成大合併前の約3200市町村のすべて、海外90カ国を私費で訪問し、地域特性を多面的に把握する。2000年ごろから地域振興や人口問題に関して精力的に研究、執筆、講演を行う。著書に『デフレの正体』『里山資本主義』ほか多数。

（三章／四章のゲスト：髙坂勝
Organic Bar「たまにはTSUKIでも眺めましょ」オーナー。著書に『減速して自由に生きる　ダウンシフターズ』、『次の時代を、先に生きる。』）

経済成長《けいざいせいちょう》なき幸福国家論《こうふくこっかろん》

下《くだ》り坂《ざか》ニッポンの生《い》き方《かた》

第1刷　2017年 9 月25日
第2刷　2021年11月20日

著者…………平田《ひらた》オリザ・藻谷浩介《もたにこうすけ》

発行人………小島明日奈
発行所………毎日新聞出版
〒102-0074
東京都千代田区九段南1-6-17　千代田会館5階
営業本部　03-6265-6941
図書第一編集部　03-6265-6745

装幀…………臼井新太郎
装画…………立花　満

DTP…………明昌堂
校閲…………小栗一夫
印刷・製本…中央精版

ISBN978-4-620-32449-4